ZS

Genehmigte Lizenzausgabe für
Bechtermünz Verlag im Weltbild Verlag GmbH,
Augsburg 2000

Fotografie:	Foodbildagentur Eising AG
Graphische Konzeption:	Reinhard Neuß
Konzeptionelle Mitarbeit:	Pete A. Eising
Redaktion:	Angelika Schlenk, Christina Kempe
DTP:	Christina Kempe
Umschlaggestaltung:	Zero, München
Lithografie:	inteca Media GmbH, Rosenheim
Druck/Bindung:	Appl, Wemding

Printed in Germany

ISBN 3-8289-1066-1

DESSERTS

Die neue große Schule

Texte und Rezepte von
Monika Kellermann

Fotografiert von
Susi und Pete A. Eising

ZABERT
SANDMANN

Inhalt

WARENKUNDE UND KÜCHEN-TECHNIK

Alles Wissenswerte über heimisches Gartenobst, Exoten aus aller Welt, Schalenobst, Trockenfrüchte, Gewürze und Aromen finden Sie hier ausführlich beschrieben.

1 und 2

BEERENOBST

Der Großteil der im Handel angebotenen Beerenfrüchte wird heute auf Plantagen angebaut. Das phantastische Aroma wildwachsender Beeren wurde dort allerdings bisher noch nicht erreicht. Der Anbau in Gewächshäusern und der schnelle Transport aus den Anbaugebieten der südlichen Länder ermöglichen ein ganzjähriges Angebot der meisten Früchte. Die heimische Saison beginnt im Mai mit Erdbeeren und endet im Oktober mit Preiselbeeren.

1. Erdbeeren
In fast allen Ländern der Welt werden heute Erdbeeren angebaut, und bei keinem anderen Obst ist die Sortenvielfalt derart unübersehbar. Die roten Früchte werden vorwiegend frisch verzehrt oder zu Konfitüre oder Marmelade verarbeitet. Will man das Erdbeeraroma auch im Winter genießen, friert man die Beeren am besten püriert ein. Erdbeeren enthalten reichlich Vitamine und Mineralstoffe. Wegen des hohen Eisengehalts werden sie oftmals als wirksames Mittel bei Blutarmut eingesetzt, sie können aber auch Allergien auslösen.
• Heimische Erntezeit: Mitte Mai bis Ende Juli.

2. Himbeeren
Die wildwachsenden Waldhimbeeren haben das intensivste Aroma. Im Bayerischen Wald, in den Ostblockländern und in Ungarn werden sie deshalb bereits gewerblich gesammelt. Himbeeren sind sehr druckempfindlich und nur wenige Tage haltbar. Man ißt sie roh, püriert als Fruchtsauce oder bereitet eine Konfitüre daraus zu. Selbst tiefgekühlt behalten sie ihre Form und verlieren kaum an Aroma! Die Beeren sind reich an wertvollen Inhaltsstoffen wie z. B. Pektinen, Provitamin A und Vitamin C.
• Heimische Erntezeit: Anfang Juni bis Ende September.

3. Johannisbeeren
Die säuerlichen schwarzen, roten oder weißen Beeren hängen in Traubenform an kurzen Stielen. Den kräftigsten Geschmack und den höchsten Gehalt an Vitamin C haben die schwarzen Beeren. Da sie für den Rohgenuß ein wenig herb sind, werden sie bevorzugt zu Konfitüre, Saft oder Sorbet verarbeitet. Die roten Beeren stehen beim Frischverzehr an erster Stelle, die weißen sind im Handel selten zu finden. Johannisbeeren sind reich an Fruchtsäuren, Pektinen und Ballaststoffen.
• Heimische Erntezeit: von Juni bis Mitte September.

4. Heidelbeeren (Blaubeeren)
Bis vor einigen Jahren gab es nur echte Waldheidelbeeren auf dem Markt. Allmählich nimmt das Angebot an kultivierten Beeren zu. Das Aroma ist jedoch nicht mit dem der wesentlich kleineren Waldheidelbeeren zu vergleichen. Die Beeren müssen rasch verzehrt werden, da sie nach der Ernte schnell bitter werden. In den erbsengroßen Beeren stecken wertvolle Fruchtsäuren, Mineralstoffe (Eisen), Vitamine und auch reichlich Gerbstoffe. Getrocknet oder als Fruchtnektar sind sie ein bewährtes Mittel gegen Durchfall. Heidelbeeren schmecken roh mit Zucker, Milch oder Sahne, als Kuchenbelag oder als Kompott. Einfrieren oder

3

4

5

6

7

8

auch Einwecken schaden dem Aroma nicht.

• Heimische Erntezeit: Ende Juni bis Mitte September.

5. Stachelbeeren

Die roten, gelben oder grünen Beeren sind mit einem leicht borstigen Flaumhaar bedeckt. Unreif geerntete Beeren besitzen einen höheren Säuregehalt, der das Aroma bei der Herstellung von Konfitüre oder Säften intensiviert. Die Früchte können bis zu 3 Wochen gelagert und sehr gut eingefroren werden. Reife Früchte sollten rasch verzehrt werden. Der hohe Anteil an Ballaststoffen, Fruchtsäuren und Pektinen wirkt appetitanregend und verdauungsfördernd.

• Heimische Erntezeit: Anfang Juni bis Ende August.

6. Brombeeren

Die schwarzvioletten Beeren gedeihen vorwiegend in den Wäldern des Bayerischen Walds, kultivierte Beeren haben ein geringeres Aroma. Die Beeren müssen ausgereift sein, erst dann kann man das volle Aroma roh, als Kuchenbelag oder als Bestandteil des Rumtopfs genießen. Die Beeren sind schnell verderblich, lassen sich jedoch gut einfrieren.

• Heimische Erntezeit: Mitte August bis Mitte Oktober.

7. Cranberries

Die aus Amerika stammenden Cranberries sind größer und etwas milder im Geschmack als Preiselbeeren. Vereinzelt beginnt man auch bei uns, diese Beeren zu kultivieren. Cranberries enthalten viel Vitamin C, wirken günstig auf die Darmflora und fördern die Darm- und Blasentätigkeit.

• Hauptsaison amerikanischer Cranberries bei uns: Anfang Oktober bis Ende Dezember.

8. Holunderbeeren

Die herbsüßen Beeren sind auch unter der Bezeichnung Holler- oder Fliederbeeren bekannt. Reife Holunderbeeren sind reich an wertvollen Inhaltsstoffen und besitzen eine heilende Wirkung. Unreif enthalten sie das Blausäure abspaltende Sambunigrin, das beachtliche Verdauungsstörungen hervorrufen kann. Eine besondere Spezialität sind die in Teig getauchten und fritierten Blütenstände, auch »Hollerküchle« genannt.

• Heimische Ernte: Anfang September bis Ende Oktober.

9. Preiselbeeren (ohne Abb.)

Die fast ausschließlich wildwachsenden Beeren werden nur gekocht verzehrt. Erst dadurch entwickeln sie ihr feinherbes Aroma. Die pektinhaltigen Früchte werden gerne zu Konfitüre, Kompott oder zu einer Creme verarbeitet. Die lange Haltbarkeit der mineralstoff- und vitaminreichen Früchte liegt am erstaunlich hohen, natürlichen Gehalt an Benzoesäure.

• Heimische Erntezeit: Ende August bis Ende Oktober.

10. Weintrauben (ohne Abb.)

Der größte Teil der Welt-Trauben-Ernte wird zu Wein gekeltert. Die Anzahl der Sorten ist kaum überschaubar. Für den Frischverzehr angebaute Tafeltrauben – blau oder weiß – sind vorwiegend großbeerig. Marktführer sind die weißen Sorten. Traubenkuren sind vor allem wegen ihrer entschlackenden Wirkung geschätzt!

• Hauptsaison der Tafeltrauben: Ende August bis Ende Oktober; Import vorwiegend aus Italien, Frankreich und Spanien.

KERN- UND STEINOBST

Kernobst

1. und 2. Äpfel

In Deutschland ist der Apfel das Obst »Nummer eins«. Es gibt zahlreiche Sorten, von fruchtigsüß bis herbsauer – kaum eine andere Obstart bietet eine derartige Geschmacksvielfalt und wird zudem noch ganzjährig angeboten. Nach dem Pflücken werden die Äpfel, je nach Sorte, unterschiedlich lange gelagert, um ihre geschmacklichen Eigenschaften voll entfalten zu können. Wegen der reichlich enthaltenen Fruchtsäuren gelten sie als »Zahnbürste« der Natur. Äpfel sind wertvolle Vitamin- und Mineralstofflieferanten. Der Gehalt an Vitamin C schwankt allerdings von Sorte zu Sorte beachtlich.

- Heimische Erntezeit:
Juli bis August: James Grieve, Jamba, Gravensteiner; September: Goldparmäne, Cox Orange und Elstar; ab Oktober: Berlepsch, Boskop und Gloster.

3. und 4. Birnen

Birnen enthalten wesentlich weniger Säure und sind dementsprechend süßer als Äpfel. Auch Birnen werden ganzjährig angeboten, und es gibt eine Vielzahl geschmacklich sehr unterschiedlicher Sorten. Für den Handel spielen jedoch lediglich maximal zehn bekannte Sorten eine Rolle: z. B. Williams Christ, Kaiser Alexander, Clapps Liebling, Gute Luise oder Alexander Lukas.

- Heimische Erntezeit: Mitte August bis Ende November.

5. und 6. Quitten

Aufgrund der unterschiedlichen Form der Früchte unterscheidet man zwischen Apfel- und Birnenquitten. Apfelquitten sind mit zahlreichen Steinzellen durchsetzt, das rötliche Fruchtfleisch ist ziemlich trocken und wenig aromatisch. Wesentlich intensiver schmecken die weicheren Birnenquitten. Quitten müssen gekocht und durch ein Sieb gestrichen werden, bevor man das Fruchtmark zu Gelee oder raffinierten Desserts verarbeitet. Das reichlich enthaltene Pektin ist ein optimales Geliermittel.

- Heimische Erntezeit: Ende September bis November. Frost verstärkt das Aroma!

Steinobst

7. und 8. Kirschen

Weichfleischige Herzkirschen und festfleischige Knorpelkirschen sind die bekanntesten Vertreter der Süßkirschen. Die einzelnen Sorten unterscheiden sich zwar in der Rotfärbung, geschmacklich aber kaum voneinander. Handelsübliche Sorten der Gattung Sauerkirsche sind Weichseln oder Schattenmorellen. Bemerkenswert ist der Gehalt an Phosphor, Eisen und an Vitaminen der B-Gruppe. Süßkirschen werden überwiegend roh gegessen, während man die aromaintensiven, weichen Sauerkirschen bevorzugt zu Saft, Kompott, Cremes oder Eis verarbeitet. Kirschen friert man am besten mit den Kernen ein und entfernt diese erst nach dem Antauen. So hat man den geringsten Saftverlust!

- Heimische Erntezeit: Anfang Juni bis Mitte Juli.

1

2

3

4

5

6

7

8

9

10

11

12

13

14

15

16

9. Pflaumen
Die rundlichen bis ovalen Früchte können rot, blau oder grünlichgelb bis goldgelb gefärbt sein. Das saftige und süße Fruchtfleisch löst sich nur schwer vom Stein. Die Früchte werden hauptsächlich roh gegessen.
• Heimische Erntezeit: Mitte Juli bis Ende August.

10. Zwetschgen (Zwetsche)
Die violetten bis schwarzblauen Früchte sind zum Schutz vor Austrocknung mit einem weißen, leicht abwischbaren, wachsartigen natürlichen »Duftfilm« überzogen. Vollreife Spätzwetschgen schmecken saftig und süß, der längliche Kern löst sich leicht vom Fruchtfleisch.
• Heimische Erntezeit: Mitte Juli bis Ende September.

11. Mirabellen
Die Schale der kleinen, runden, gelben Früchte besitzt oftmals winzige rote Pünktchen. Das Fruchtfleisch ist süß und fest und läßt sich leicht vom Kern lösen.
• Heimische Erntezeit: Anfang Juli bis Mitte August.

12. Reneklode (Reineclaude)
Die mittelgroßen runden Früchte erinnern im Aussehen an Pflaumen. Das Fruchtfleisch kann grünlich, violett oder auch rot gefärbt sein. Sie schmecken süß und aromatisch. Es ist etwas mühsam, das Fruchtfleisch vom Kern zu lösen.
• Heimische Erntezeit: Mitte Juli bis Ende August.

13. und 14. Pfirsich
Das Fruchtfleisch vollreifer Pfirsiche ist saftig und äußerst aromatisch. Die Farben gehen, je nach Sorte, von orangegelb über leicht rötlich bis weiß. Die Schale des Pfirsichs ist mit einem leichten Flaum seidig behaart. Weißfleischiges Fruchtfleisch löst sich schwerer vom Kern und hat einen zartsäuerlichen Geschmack, gelbfleischige Sorten sind etwas süßer. Pfirsiche sind ballaststoffarme Früchte und daher auch für Menschen mit einem empfindlichen Magen sehr bekömmlich.
• Hauptsaison: Ende Mai bis Anfang September; Importe hauptsächlich aus den Mittelmeerländern.

15. Nektarinen
Sie schmecken ähnlich wie Pfirsiche, unterscheiden sich aber durch die glatte Schale und das festere Fruchtfleisch von den Artgenossen. Ob Nektarinen eine Kreuzung zwischen Pfirsich und Pflaume sind oder eine Mutation des Pfirsichs, ist nicht eindeutig geklärt.
• Hauptsaison: Anfang Juni bis Ende August; Importe hauptsächlich aus Italien, Frankreich und Spanien.

16. Aprikosen
In Österreich auch unter dem Begriff Marillen bekannt. Die 4 bis 8 cm großen runden Früchte werden durch eine Furche in zwei Fruchtbacken geteilt. Vollreif ist das Fruchtfleisch weiß, gelb oder orange, saftig und sehr süß. Sie sind roh, gekocht oder in Mehlspeisen verarbeitet ein Hochgenuß! Beachtlich ist der Gehalt an Provitamin A (Carotin)!
• Heimische Erntezeit: Anfang bis Ende Juli.

EXOTEN

Früchte aus allen Ländern der Welt werden fast das ganze Jahr über angeboten. Viele von ihnen werden von uns so selbstverständlich gekauft und verarbeitet, daß man sie eigentlich nicht mehr als Exoten bezeichnen kann. Dazu gehören vor allem Bananen, Zitrusfrüchte und Kiwis. Laufend kommen aber neue, für uns völlig unbekannte Früchte hinzu und bereichern unseren kulinarischen Horizont. Hier eine kleine Auswahl an exotischen Früchten, die sich besonders gut für raffinierte Desserts eignen!

1. Ananas
Das saftige, süß-säuerliche Fleisch hat eine gelbe bis rötliche Farbe. Eine sehr ausgeprägte schuppige Schale und eine leuchtendrote Farbe weisen auf ein intensives Aroma hin. Beim Tranchieren muß man mit 40 Prozent Abfall rechnen. Baby-Ananas schmecken besonders süß. Frische Ananas enthalten das verdauungsfördernde Ferment Bromelin, das eine eiweißspaltende Wirkung besitzt und somit auch das Festwerden von Gelatine verhindert. Bei Lagerung unter 5° C bilden sich im Fruchtfleisch braune Flecken!

2. Bananen
Neben den gelben Obstbananen findet man in letzter Zeit auch rote Bananen mit einer rötlichbraunen Schale und einem leicht rötlichen Fruchtfleisch sowie Baby-Bananen auf dem Markt. Geschmacklich unterscheiden sich diese Sorten nur geringfügig voneinander. Am aromaintensivsten ist das Fruchtfleisch, wenn die Schale einige braune Punkte aufweist: ein Zeichen, daß sich Stärke in Zucker umgewandelt hat.

3. Cherimoyas
Die Früchte haben eine dicke, schuppige Schale. Das weiche, sahnige, leicht bekömmliche Fruchtfleisch schmeckt nach einer gelungenen Kombination von Erdbeere und Birne. Wenn die Frucht auf leichten Druck nachgibt und sich die Schale leicht schwarz färbt, sind die Früchte reif.

4. Datteln
Die empfindlichen Früchte werden vollreif geerntet und sofort schockgefrostet. Etwa vier Früchte decken den Tagesbedarf an Eisen. Frische Datteln haben ein feines Honigaroma und sind geschmacklich mit den getrockneten Früchten nicht zu vergleichen. Schale und Kern werden vor dem Verzehr entfernt.

5. Feigen
Zwei Sorten, die hauptsächlich in den Mittelmeerländern angebaut werden, sind für den Transport geeignet: die grünen, leicht säuerlichen und die violetten, etwas süßeren Feigen. Frische Feigen enthalten reichlich Mineralstoffe und relativ viel Fruchtzucker. Sie haben eine verdauungsfördernde Wirkung.

6. Granatäpfel
Die bis zu 500 g schweren Früchte mit einer dicken Schale bestehen im Inneren aus zahlreichen Samenkernen. Jeder dieser Kerne ist von einem süßaromatischen, saftigen, geleeartigen Fruchtfleisch umhüllt. In erster Linie ist es der Saft, der zu Fruchtsaucen oder Geleespeisen verarbeitet wird oder als Fruchtsirup, »Grenadine«, für viele Drinks unentbehrlich geworden ist. Die Körner sind aber, unter Fruchtsalate gemischt, ebenfalls ein Hochgenuß.

7. Kakis
Aromatisch und angenehm süß sind die orangeroten, tomatenförmigen Früchte, wenn die dünne Schale glasig glänzt. Unreif schmecken sie, durch den hohen Gerbstoffgehalt, sehr herb und pelzig. Sie haben unter allen Früchten den höchsten Carotin-Gehalt.

8. Kapstachelbeeren (Physalis)
Die orangeroten, leicht klebrigen Kugeln sind mit einem stark eingetrockneten, papierähnlichen Kelch umhüllt. Die pikant-säuerlichen, erfrischenden Früchte werden roh gegessen oder zu Püree, Eis oder Kompott verarbeitet.

9. Karambolas (ohne Abb.)
Wegen ihrer sternförmigen Form wird diese Frucht oftmals zur Dekoration verwendet. Sie schmeckt süß, ein wenig nach Stachelbeeren und Quitten. Die mineralstoffreichen, saftigen Früchte sind vollreif, wenn das Fruchtfleisch bernsteinfarben durch die Schale schimmert und die Kanten leicht bräunlich gefärbt sind.

10. Kiwis
Das leuchtendgrüne Fruchtfleisch ist von einer braunen, pelzig behaarten Schale umgeben. Rohe Kiwis enthalten das eiweißspaltende Enzym Actinidin. Sie bekommen in Verbindung mit Milchprodukten einen bitteren Beigeschmack und verhindern das Festwerden von Gelatine. Abhilfe schafft das Überbrühen geschälter Früchte mit heißem Wasser. Sehr hoher Vitamin-C-Gehalt!

11. Litschis
Das fast perlmuttartige Fruchtfleisch ist von einer harten, schuppigen roten Schale umschlossen. Litschis sind die Dessertfrüchte in der asiatischen Küche. Das saftige Fruchtfleisch hat einen zarten Geschmack, der ein wenig an Rosen erinnert.

12. Mangos
Das sehr saftige, leicht fasrige Fleisch vollreifer Früchte schmeckt wie eine Mischung aus Pfirsich und Pinenkernen! Der ursprüngliche harzige Geschmack ist in den neuen Züchtungen kaum noch vorhanden. Die Farbe der Schale hängt von der Sorte ab und hat nichts mit der Reife zu tun.

13. Melone
Melonen enthalten bis zu 90 Prozent Wasser. Zu den bekanntesten glattschaligen Sorten zählen Wasser-, Honig-, Charentais-, Ogen- und Tendralmelonen. Die verbreitetsten Netzmelonen sind Galia- und Kantalupmelonen.

14. Papaya
Das orangerote Fruchtfleisch der grün- bis gelbschaligen Papaya ist ausgesprochen kalorienarm und erinnert geschmacklich an eine Mischung aus Melonen und Aprikosen. Die kleinen schwarzen Kerne haben einen beißend scharfen Geschmack.

15. Passionsfrüchte
Unvergleichlich exotisch ist der Geschmack der Passionsfrüchte. Zu den bekanntesten Sorten zählen die Maracuja, Granadilla und Curuba. Äußerlich sehen sie zwar sehr unterschiedlich aus, aber im Inneren befindet sich immer eine Vielzahl von Kernen, die von einem gallertartigen Fruchtfleisch umhüllt sind. Streicht man das Fruchtfleisch durch ein feines Sieb, erhält man einen aromatischen Saft, aus dem sich feinste Desserts herstellen lassen.

16. Zitrusfrüchte
Zur Gattung der uns bekannten Zitrusfrüchte zählen vor allem Orangen, Grapefruits, Mandarinen, Zitronen und Limetten. Saft und Fruchtfleisch lassen sich beliebig einsetzen und kombinieren.

SCHALENOBST

Alle Früchte, die von einer harten ungenießbaren Schale umhüllt sind, wie z. B. Nüsse, Samen und Keime, werden als Schalenobst bezeichnet. Sie sind reich an Fett, hochwertigem Eiweiß und wertvollen Mineralstoffen. Damit man den Geschmack dieser Energiespender lange genießen kann, sollt man sie trocken, luftig und kühl lagern und immer erst vor der Verwendung zerkleinern!

1. Cashewnüsse
Der Kern hat einen leicht süßlichen Geschmack. Die Schale muß unbedingt entfernt werden, da sie toxische Öle enthält.

2. Haselnüsse
Diese Nüsse werden meist mit der braunen Haut zerkleinert oder im ganzen angeboten. Einen nougatartigen Geschmack bekommen die Nüsse, wenn man sie vor dem Zerkleinern trocken röstet.

3. Kokosnüsse
Das Fruchtfleisch mit dem exotischen Aroma wird frisch gegessen, geraspelt und getrocknet als Kokosflocken verwendet oder in letzter Zeit auch als eingedicktes Fruchtmark angeboten.

4. Mandeln
Durch den feinen, milden Geschmack sind Mandeln sehr vielseitig verwendbar. Sie werden geschält oder ungeschält, zerkleinert oder im ganzen angeboten. In Folienbeutel eingeschweißt, bleibt das Aroma optimal erhalten.

5. Mohn
Den feinen nussigen Geschmack entwickeln die blaugrauen, ölhaltigen Samen der Mohnpflanze erst nach dem Mahlen.

6. Paranüsse
Die aus Brasilien stammende Nuß wird bei uns bisher nur selten zum Kochen verwendet. Der Nußkern hat ein feines, ausgeprägtes Aroma und ist sehr fett- und eiweißreich.

7. Pecannüsse
Die aus Nordamerika stammenden Nüsse sind der Walnuß sehr ähnlich! Lediglich die Schale ist glatter und dünner und läßt sich daher leichter knacken. Der Kern ist schlanker und nicht so stark gerippt.

8. Pinienkerne (Pignoli)
Die Samen der Pinienzapfen haben einen mandelartigen, süßlichen Geschmack. Sie sind etwas weicher als andere Nüsse und harmonieren vorzüglich mit Mangos oder Birnen. Leider sind die Kerne ziemlich teuer.

9. Pistazien
Ebenfalls einen stolzen Preis muß man für geschälte, leuchtend grüne Pistazienkerne bezahlen. Der Grund, weshalb sie fast nur als Garnitur verwendet werden. Der feine Geschmack kommt allerdings erst im gemahlenen Zustand besonders zur Geltung.

10. Sonnenblumenkerne
Geschält, im ganzen geröstet oder fein gemahlen sind die fett- und eiweißreichen Kerne eine echte Bereicherung bei der Dessertzubereitung.

11. Walnüsse
Das intensivste Aroma haben reife, einheimische Walnüsse von Herbst bis Anfang Januar. Die unreifen, noch grünen Nüsse sind eine besondere Spezialität.

TROCKENFRÜCHTE

Trockenfrüchte sorgen nicht nur für die nötige Süße und Saftigkeit, sie bereichern Desserts auch mit wertvollen Inhaltsstoffen. Für alle Trockenfrüchte gilt: kühl und trocken aufbewahren! Bewährt haben sich Vorratsdosen, deren Deckel nur lose aufgelegt werden sollte, damit die Luft zirkulieren kann.

1. Getrocknete Weintrauben
Es gibt drei verschiedene Arten getrockneter Weinbeeren: **Rosinen** nennt man die großfleischigen Beeren, die auch teilweise Kerne enthalten. Sie kommen vorwiegend aus Kalifornien. **Sultaninen** sind die hellschaligen, kernlosen Weinbeeren. Sie sind etwas milder und süßer im Geschmack als Rosinen. **Korinthen** heißen die kleinen, violettschwarzen kernlosen Weinbeeren des Korinthen-Weinstocks. Sie haben ein ausgeprägt fruchtiges Aroma und werden grundsätzlich ungeschwefelt angeboten.

2. Back- oder Trockenpflaumen
Die zuckersüßen, getrockneten Pflaumen werden meistens in Armagnac eingelegt, als Füllung für süße Knödel verwendet oder zu Kompott oder Pflaumenmus verkocht.

3. Getrocknete Aprikosen
Die aromastarken Früchte eignen sich für süße Aufläufe und Soufflés oder ergeben gekocht und feinpüriert eine aromaintensive Fruchtsauce.

4. Getrocknete Datteln
Es gibt verschiedene Arten von getrockneten Datteln. Die weichen, entsteinten Tafeldatteln sind den gepreßten Datteln vorzuziehen. Sind in Desserts Datteln enthalten, kann man auf zusätzliches Süßen verzichten!

5. Zitronat und Orangeat
Die kandierte Schale der Zedratzitrone ist auch unter dem Begriff Sukkade im Handel zu finden. Orangeat ist die kandierte Schale der Pomeranze (Bitterorange). Die Fruchtschalen werden hauptsächlich, in kleine Würfel geschnitten, angeboten. Sie sind nicht nur für den Christstollen unerläßlich, auch manchem Dessert verleihen sie eine angenehm bitter-fruchtige Süße.

6. Kandierte Kirschen
In konzentrierter Zuckerlösung eingelegte und anschließend getrocknete Kirschen sind eine beliebte Verzierung für Kuchen und Desserts.

7. Kandierter Ingwer
Die in Zuckerlösung eingelegte und anschließend getrocknete, geschälte Ingwerwurzel verleiht so manchem Dessert eine besondere Note. Vorsichtig dosieren, da der Geschmack sehr intensiv ist.

8. Kandierte Veilchen und Rosenblätter
Die Blüten sind eine hübsche Garnitur für festliche Desserts.

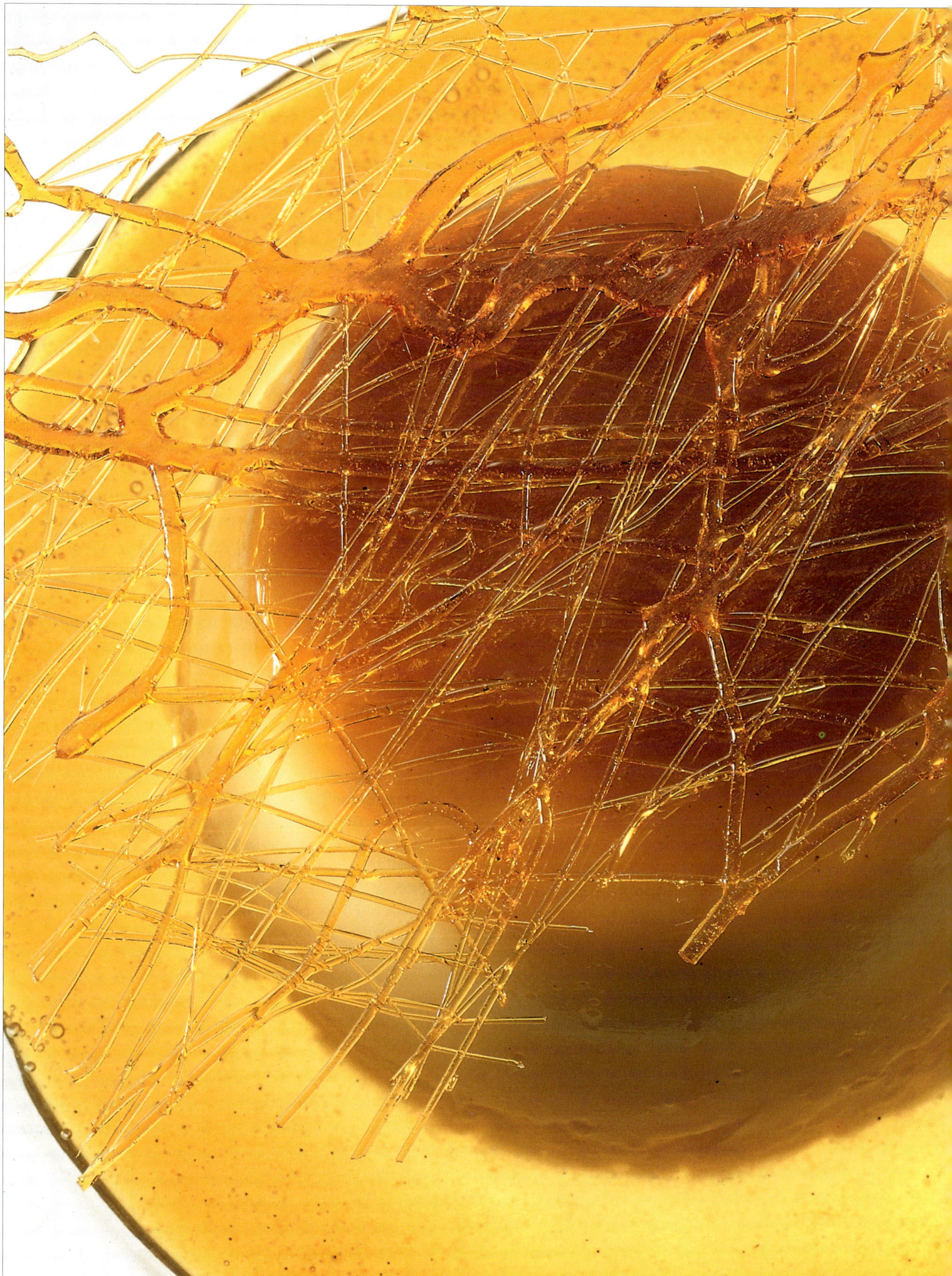

CREME-DESSERTS

Duftig-zarte Cremes, die auf der Zunge zergehen, sind der krönende Abschluß eines Menüs. Außerdem lassen sich die meisten Cremes gut vorbereiten.

BAYERISCHE CREME

Die klassische bayerische »Rahmsulz«, wie sie heute noch manchmal in Bayern genannt wird, hat als »Crème Bavaroise« weltweit die feine Küche erobert. Zu verdanken haben die Bayern die sahnige Creme der bayerischen Prinzessin Isabeau Bavière. Bei festlichen Anlässen ließ sie die Creme zubereiten, in spezielle Formen füllen und dann, auf Platten gestürzt, mit einer süßen Sauce servieren.

Für 6 Personen
Zubereitungszeit: 50 Minuten
Kühlzeit: 4 bis 5 Stunden

- 1/2 l Milch
- 1 Vanilleschote
- 8 Blatt weiße Gelatine
- (oder 16 g Gelatinepulver)
- 5 Eigelb
- 120 g Zucker
- 400 ml Sahne

1. Die Milch in einen Kochtopf gießen. Die Vanilleschote der Länge nach aufschneiden, das Mark mit einem spitzen Messer herausschaben und mit der Schote in der Milch erwärmen.
2. Die Blattgelatine in reichlich kaltem Wasser einweichen. (Bei Gelatinepulver Packungsangaben beachten.)
3. Eigelb und Zucker in einer Schlagschüssel mit einem Schneebesen so lange schlagen, bis die Masse weiß und cremig ist und sich der Zucker vollständig aufgelöst hat.
4. Die Vanilleschote aus der heißen Milch nehmen und die Milch langsam unter die Eimasse rühren.
5. Über einem heißen Wasserbad aufschlagen und zur Rose abziehen. Die Masse darf aber auf keinen Fall zu heiß werden, da sie sonst gerinnt.
6. Die Blattgelatine aus dem Wasser nehmen und ausdrücken. Die Blattgelatine (oder das gequollene Gelatinepulver) nach und nach in die heiße Creme geben und unter Rühren auflösen.
7. Die Schlagschüssel in eine größere Schüssel mit Eiswasser stellen und die Creme unter Rühren erkalten lassen.
8. Die Sahne steif schlagen und, kurz bevor die Creme zu gelieren beginnt, gleichmäßig darunterziehen.
9. Die Creme in eine mit kaltem Wasser ausgespülte Form füllen. Mit Klarsichtfolie abdecken und im Kühlschrank mehrere Stunden fest werden lassen.
10. Vor dem Servieren die Form kurz in heißes Wasser tauchen und die Creme auf eine Platte stürzen. In Scheiben schneiden und mit Kompott oder einer fruchtigen Sauce servieren.

Pro Person:
Kalorien (kcal) 420
Eiweiß (g) 9
Fett (g) 29
Kohlenhydrate (g) 26

Will man die Creme als Nocken servieren, reduziert man die Gelatinemenge auf 5 Blatt oder 10 g Pulver, füllt die Masse in eine große weite Form und sticht, nachdem die Creme fest ist, mit einem Eßlöffel Nocken ab.

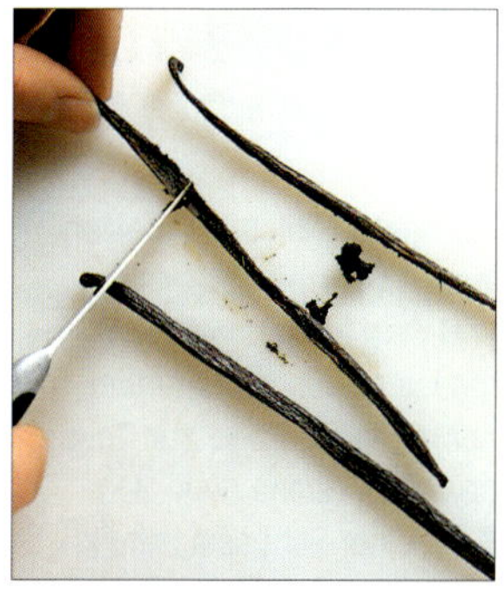

Vanilleschote ausschaben
Die Vanilleschote längs mit einem Messer oder einer Schere aufschneiden und das Mark herausschaben. Damit nichts von dem feinen Aroma verlorengeht, mit der Schote in der Milch erwärmen.

Gelatine einweichen
Die Blattgelatine in reichlich kaltem Wasser (etwa 1/2 l Wasser für 8 Blatt Gelatine) mindestens 10 Minuten quellen lassen. Bei Gelatinepulver rechnet man etwa 1/8 l Wasser für 16 g Gelatine – jedoch unbedingt die Packungsangaben beachten!

Eiercreme rühren
Eigelb und Zucker in einer Schlagschüssel am besten mit einem Schneebesen (und nicht mit einem Handrührgerät) cremig rühren. Die Masse darf nicht schaumig sein, da die Creme nach dem Stürzen sonst feine Bläschen aufweist.

Creme zur Rose abziehen
Die Masse über einem heißen Wasserbad unter ständigem Rühren aufschlagen. Die Creme hat die richtige Konsistenz, wenn sie einen Löffelrücken überzieht und sich beim Daraufblasen Ringe bilden, die an eine Rose erinnern.

Creme fertigstellen
Die Creme in einer Schüssel mit Eiswasser unter Rühren erkalten lassen. Sobald die Creme zu gelieren beginnt, die geschlagene Sahne locker, aber gleichmäßig darunterziehen. Die Creme in eine Form gießen und kalt stellen.

MOUSSE AU CHOCOLAT

Wer diesen Klassiker erfand, weiß heute niemand mehr. Unbestritten ist er jedoch der absolute Spitzenreiter unter den Desserts. Vermutlich war es eine Frau, die dieses zartschmelzende Dessert kreiierte, um den Mann ihrer Träume zu verführen, denn gerade Männer lieben diesen luftig süß-herben Schokoladenschaum!

Für 4 Personen
Zubereitungszeit: 30 Minuten
Kühlzeit: 4 bis 5 Stunden

150 g Zartbitterschokolade
2 Eigelb
3 EL Zucker
1 EL Kakao, stark entölt
2 cl Grand Marnier
2 Eiweiß
200 ml Sahne
Außerdem:
Schokoladenspäne
abgeriebene Schale von
1/4 unbehandelten Orange
Puderzucker zum Bestäuben

1. Schokolade in kleine Stücke brechen und in einer Metallschüssel über einem heißen Wasserbad schmelzen lassen.
2. Eigelb mit 2 EL Zucker schaumig schlagen, der Zucker muß sich dabei vollständig auflösen. Unter weiterem Schlagen Kakao und Grand Marnier hinzufügen.
3. Eiweiß steif schlagen, den restlichen Zucker einrieseln lassen. Die Sahne ebenfalls steif schlagen.
4. Die geschmolzene Schokolade nach und nach unter die Eimasse rühren.
5. Sahne und Eischnee vorsichtig mit einem Teigschaber darunterziehen. Die Creme muß schaumig und locker bleiben.
6. Die Mousse in eine große Schüssel füllen, mit Klarsichtfolie abdecken und im Kühlschrank einige Stunden fest werden lassen.
7. Mit zwei Eßlöffeln Nocken abstechen und jeweils zwei Nocken auf einem Teller anrichten. Mit Schokoladenspänen und Orangenschale garnieren und mit Puderzucker bestäuben.

Pro Person:
Kalorien (kcal) 554
Eiweiß (g) 9
Fett (g) 39
Kohlenhydrate (g) 36

• Sehr schnell und völlig unproblematisch geht das Schmelzen von Schokolade in der Mikrowelle. 100 g kleine Schokoladenstückchen bei 600 Watt in etwa 2 Minuten schmelzen.
• Mousse au chocolat ist immer nur so gut, wie die dafür verwendete Schokolade. Nehmen Sie daher nur beste Qualität!

WEISSE MOUSSE AU CHOCOLAT

Diese Version der Mousse ist einfach in der Zubereitung und kann außerdem sehr gut vorbereitet werden. Schaumig geschlagen wird die Masse erst kurz vor dem Servieren – ein ideales Dessert, wenn man Gäste zu bewirten hat.

Für 4 Personen
Zubereitungszeit: 15 Minuten
Kühlzeit: mindestens 8 Stunden

150 g weiße Schokolade
1/4 l Sahne
2 cl Orangenlikör
Außerdem:
1/2 frische Mango
Puderzucker und Kakao zum Bestäuben

1. Die Schokolade in kleine Stücke brechen. Mit Sahne und Orangenlikör erhitzen und die Schokolade bei schwacher Hitze darin schmelzen lassen. Die Sahne darf dabei auf keinen Fall kochen!
2. Die Mischung in eine Schlagschüssel geben, mit Klarsichtfolie abdecken und am besten über Nacht in den Kühlschrank stellen.
3. Kurz vor dem Servieren die Schoko-Sahne-Mischung am besten mit einem Schneebesen zu einer lockeren Creme aufschlagen. Mit einem Handrührgerät nur auf kleiner Stufe schlagen, damit möglichst viel Luft in die Creme gelangt.
4. Die Mousse entweder in einen Spritzbeutel mit Sterntülle füllen und rosettenartig auf Teller spritzen oder mit einem Eßlöffel zu Nocken formen und auf Tellern anrichten.
5. Die Mango schälen und in kleine Würfel schneiden. Die Mousse mit Mango und eventuell Blüten aus Schokoladenspänen garnieren. Mit Puderzucker und Kakao bestäuben.

Pro Person:
Kalorien (kcal) 438
Eiweiß (g) 5
Fett (g) 32
Kohlenhydrate (g) 28

• Auf die gleiche Weise können Sie aus 150 g Mokkaschokolade, 1 EL Nescafé, 1/4 l Sahne und 2 cl Kaffeelikör eine herrliche Mokkamousse zaubern. Mit ganzen Kaffeebohnen garniert servieren.
• Übrigens sind diese schnell zubereiteten Mousses auch raffinierte Füllungen für z. B. kleine Windbeutel oder Biskuitrouladen.

CRÈME AU CARAMEL

Eigentlich ist dieses klassische Rezept aus der französischen Küche nichts anderes als ein süßer Eierstich. Das einzig Schwierige daran: Der Karamel muß die richtige Farbe haben – zu hell ist der typische Karamelgeschmack zu schwach, zu dunkel schmeckt er bitter. Außerdem darf die Masse nicht zu schaumig gerührt werden, da die Crème sonst mit kleinen Löchern versehen ist.

Für 6 Personen
Zubereitungszeit: 1 Stunde 15 Minuten
Kühlzeit: 6 bis 8 Stunden

100 g brauner Zucker
2 EL Cognac oder Weinbrand
1/2 Vanilleschote
400 ml Vollmilch
100 ml Sahne
4 Eier, 100 g Zucker

1. Kleine, feuerfeste Soufflé- oder Timbalförmchen in heißes Wasser legen.
2. Den Backofen auf 160° C vorheizen. Einen flachen Topf zweifingerbreit mit Wasser füllen und in den Ofen stellen.
3. Den braunen Zucker mit 1 EL Cognac oder Weinbrand und 2 EL Wasser in einer Kasserolle verrühren und goldbraun karamelisieren lassen.
4. Förmchen aus dem Wasser nehmen, gut abtropfen lassen und die Hälfte des Karamels als dünne Schicht auf den Böden verteilen.
5. Restlichen Karamel mit dem restlichen Cognac oder Weinbrand und 2 EL Wasser kurz durchkochen lassen.
6. Die Vanilleschote der Länge nach aufschneiden und mit der Milch und Sahne erhitzen.
7. Eier und Zucker mit einem Handrührgerät auf mittlerer Stufe cremig, aber nicht schaumig rühren. Der Zucker muß sich vollständig auflösen.
8. Die Vanilleschote aus der Milch nehmen und das Mark hineinschaben. Die heiße Milch unter die Creme rühren.
9. Die Eiermilch durch ein feines Sieb vorsichtig in die Förmchen gießen. Nur etwa zu drei Viertel füllen, da die Creme aufgeht!
10. Die Förmchen in das Wasserbad stellen, mit Alufolie abdecken und in etwa 40 bis 45 Minuten stocken lassen.
11. Anschließend zugedeckt im Kühlschrank mehrere Stunden erkalten lassen.
12. Den Rand mit einem spitzen Messer lösen, die Creme auf Teller stürzen und mit der Karamelsauce umgießen.

Pro Person:
Kalorien (kcal) 300
Eiweiß (g) 7
Fett (g) 12
Kohlenhydrate (g) 37

• Die Creme ist gestockt, wenn die Oberfläche auf Druck mit der Fingerkuppe leicht nachgibt oder an einem Holzstäbchen, das man in die Creme gesteckt hat, nichts hängen bleibt!
• Soll das Dessert cremiger und nicht sturzfähig sein, nimmt man statt 4 Eiern 3 Eigelb und 2 Eiweiß!
• Man kann den Karamel auch unter die Creme ziehen, bevor sie im Wasserbad stockt.

BUNET

Dieser köstliche Amaretti-Kakao-Flan aus der Toskana stammt von Lorenza de' Medici. Feinschmeckern ist diese Dame auf Grund ihrer Kochkurse, die sie auf ihrem Weingut »Badia a Coltibuono« – mitten im Chianti-Gebiet – hält, bekannt. »Coltibuono« ist auch ein Begriff für sehr gute Weine und aromatisches Olivenöl!

Für 4 Personen
Zubereitungszeit:
1 Stunde 20 Minuten
Kühlzeit: 4 bis 5 Stunden

3 gehäufte EL ungesüßter
Kakao, schwach entölt
400 ml Milch
180 g Amaretti
4 cl Rum
120 g Zucker
6 Eigelb
2 Eiweiß
Außerdem:
200 ml Sahne

1. Den Kakao mit 6 EL kalter Milch verrühren. Die restliche Milch erhitzen.
2. 150 g Amaretti zerbröseln und mit dem angerührten Kakao vermischen. Mit der heißen Milch und dem Rum begießen und etwa 10 Minuten quellen lassen.
3. 40 g Zucker in einer Kasserolle unter Rühren goldbraun karamelisieren lassen. Mit 2 EL Wasser ablöschen und so lange durchkochen lassen, bis sich der Karamel gelöst hat. In eine vorgewärmte feuerfeste Form gießen und durch Schwenken gleichmäßig verteilen.
4. Den Backofen auf 200° C vorheizen. Die Fettpfanne etwa 1 cm hoch mit Wasser füllen und in den Ofen stellen.
5. Eigelb und 50 g Zucker cremig rühren. Eiweiß mit dem restlichen Zucker steif schlagen.
6. Die eingeweichten Amaretti unter die Eimasse rühren und den Eischnee vorsichtig darunterziehen.
7. Die Masse in die Form füllen und die Oberfläche glattstreichen. Im Wasserbad 1 Stunde garen lassen. Nach etwa 20 Minuten mit Alufolie abdecken.
8. Den abgedeckten Flan mehrere Stunden kalt stellen!
9. Vor dem Servieren die Form kurz in heißes Wasser tauchen, dann den Flan auf einen großen Teller stürzen.
10. Die Sahne steif schlagen, in einen Spritzbeutel mit Sterntülle füllen und den Flan damit verzieren. Mit den restlichen Amaretti servieren.

Pro Person:
Kalorien (kcal) 677
Eiweiß (g) 15
Fett (g) 34
Kohlenhydrate (g) 68

In der Toskana wird zu dem Flan ein Vin Santo serviert.

KONDITORCREME

Diese Creme wird im Volksmund schlicht und einfach als Pudding bezeichnet, obwohl die aus Milch, Stärke und Eigelb zubereitete Creme fachlich richtig Flammeri heißen müßte (in Frankreich heißt sie »Crème pâtissière«). Der Pudding wurde jedoch ursprünglich im Wasserbad gegart. Seit der Erfindung des Puddingpulvers Anfang dieses Jahrhunderts wurde der alte Begriff Flammeri jedoch fast vollständig verdrängt. Die Konditorcreme dient auch als Basis für viele Soufflés oder kann mit Butter oder Sahne verfeinert zum Füllen von Kuchen und Gebäck verwendet werden. Anregungen dazu finden Sie auf der nächsten Seite!

Für 4 Personen
Zubereitungszeit: 15 Minuten
Kühlzeit: etwa 1 Stunde

- 40 g Speisestärke, z. B. Mondamin
- 3 Eigelb
- 80 g Zucker
- 1/2 l Milch
- 1/2 Vanilleschote

1. Speisestärke, Eigelb und 40 g Zucker mit 1/4 l kalter Milch gründlich verrühren.
2. Die Vanilleschote der Länge nach aufschneiden und mit der restlichen Milch und dem restlichen Zucker zum Kochen bringen.
3. Von der Kochstelle nehmen, die Vanilleschote aus der Milch nehmen und das Mark hineinschaben.
4. Milch erneut zum Kochen bringen und die Speisestärke mit einem Schneebesen darunterrühren.
5. Die Creme unter kräftigem Rühren aufkochen lassen. Es muß eine glatte Masse entstehen.

Pro Person:
Kalorien (kcal) 255
Eiweiß (g) 7
Fett (g) 9
Kohlenhydrate (g) 35

Die Konditorcreme beliebig weiterverarbeiten:

- Die Creme auf 4 Puddingförmchen verteilen und mit Puderzucker bestäuben, um die Bildung einer Haut zu verhindern. Kalt stellen! Nach etwa 1 Stunde stürzen und servieren.
- 2 Eiweiß steif schlagen, sofort unter die noch heiße Creme ziehen und kurz aufkochen lassen. Die Masse leicht abkühlen lassen und z. B. als Füllung für Kuchen verwenden. Bald verzehren, denn nach etwa 4 bis 5 Stunden verliert die Creme ihre Luftigkeit.
- Crème Chantilly heißt die Konditorcreme, wenn man 1/4 l Sahne steif schlägt und unter die erkaltete Creme zieht. Wenn man die Creme, bevor die Sahne dazukommt, durch ein feines Sieb streicht, wird sie besonders fein. Herrlich schmeckt die Crème Chantilly mit frischen Beeren und Kompottfrüchten oder mit exotischem Fruchtmark beträufelt. Sie ist aber auch als feine lockere Füllung z. B. für Windbeutel geeignet.

Speisestärke anrühren
Speisestärke, Eigelb und 40 g Zucker in eine Schüssel geben. Darauf achten, daß kein Eiweiß am Eigelb haftet, das gibt unschöne Klümpchen! Unter Rühren mit einem Schneebesen 1/4 l kalte Milch dazugeben.

Creme binden
Die restliche Milch mit Zucker und aufgeschnittener Vanilleschote zum Kochen bringen. Das Vanillemark in die Milch schaben, die Schote entfernen. Dann die angerührte Speisestärke unter Rühren mit einem Schneebesen in die kochende Milch gießen.

Creme aufkochen
Die Creme einige Male unter kräftigem Rühren aufkochen lassen. Es muß eine glatte, völlig homogene Masse entstehen. Den Topf von der Kochplatte nehmen!

Creme zum Stürzen
Will man die Creme stürzen, füllt man sie sofort in eine kalt ausgespülte Form oder 4 Förmchen. Bestäuben der Oberfläche mit Puderzucker verhindert die Bildung einer dicken Haut.

Crème Chantilly
Für diese besonders feine Variante der Konditorcreme ist es ratsam, die leicht abgekühlte Creme durch ein feines Sieb zu streichen. Dann 1/4 l Sahne steif schlagen und darunterziehen.

MANDELCREME

Für 4 Personen
Zubereitungszeit: 15 Minuten
Marinierzeit: 3 Stunden
Kühlzeit: 1 Stunde

- 150 g gehäutete, gemahlene Mandeln
- 2 gehäutete, gemahlene Bittermandeln
- 1/2 l Milch
- 30 g Speisestärke, z. B. Mondamin
- 2 Eigelb, 100 g Zucker
- etwas Puderzucker
- 1/8 l Sahne

1. Die Mandeln mit der Milch begießen und etwa 3 Stunden durchziehen lassen.
2. Die Mandelmilch durch ein feines Sieb gießen. Eine Hälfte davon zum Kochen bringen, die zweite Hälfte mit Speisestärke, Eigelb und Zucker verrühren.
3. Angerührte Stärke in die kochende Milch gießen und unter Rühren aufkochen lassen.
4. Creme mit Puderzucker bestäuben und abkühlen lassen. Sahne steif schlagen, darunterziehen und die Creme in Schalen füllen. Mit geschlagener Sahne und Hippengebäck (siehe Seite 92) servieren.

Pro Person:
Kalorien (kcal) 580
Eiweiß (g) 13
Fett (g) 36
Kohlenhydrate (g) 42

ZITRONENCREME

Für 4 Personen
Zubereitungszeit: 25 Minuten
Kühlzeit: etwa 1 Stunde

- 1/4 l frisch gepreßter Zitronensaft
- abgeriebene Schale von 1 unbehandelten Zitrone
- 1/4 l halbtrockener Weißwein
- 150 g Zucker
- 40 g Speisestärke, z. B. Mondamin
- 2 Eigelb
- 3 Eiweiß
- einige Zitronenmelissezweige

1. Zitronensaft, -schale, 1/8 l Wein und 100 g Zucker zum Kochen bringen.
2. Stärke und Eigelb mit dem restlichen Wein verrühren.
3. Die angerührte Stärke in die kochende Flüssigkeit gießen und unter Rühren mehrmals aufkochen lassen.
4. Eiweiß mit dem restlichen Zucker steif schlagen und unter die heiße Creme rühren. Kalt stellen!
5. Die Zitronencreme in längs durchgeschnittene und ausgehöhlte Zitronenhälften füllen und mit Zitronenmelisseblättern garnieren.

Pro Person:
Kalorien (kcal) 297
Eiweiß (g) 4
Fett (g) 3
Kohlenhydrate (g) 53

SCHOKOLADEN-NUSS-PUDDING MIT APFELSAHNE

Für 4 Personen
Zubereitungszeit: 20 Minuten
Kühlzeit: etwa 1 Stunde

- 50 g Zartbitterschokolade
- 1/2 l Milch
- 20 g Speisestärke, z. B. Mondamin
- 1 EL Kakao, stark entölt
- 50 g Zucker
- 80 geröstete, gemahlene Haselnüsse
- 1 mittelgroßer Apfel
- 200 ml Sahne

1. Die Schokolade in kleine Stückchen brechen und mit 1/4 l Milch unter Rühren zum Kochen bringen.

2. Speisestärke, Kakao und Zucker mit der restlichen Milch verrühren, in die kochende Milch gießen und aufkochen lassen.

3. Die Hälfte der Nüsse unter die Creme rühren, in Schalen füllen und abkühlen lassen.

4. Den Apfel schälen und fein reiben. Die Sahne schlagen und den Apfel und die restlichen Haselnüsse unter die Sahne ziehen.

5. Die Creme mit der Sahne und eventuell karamelisierten Apfelspalten servieren.

Pro Person:
Kalorien (kcal) 553
Eiweiß (g) 10
Fett (g) 37
Kohlenhydrate (g) 42

GRIESSFLAMMERI

Für 4 Personen
Zubereitungszeit: 20 Minuten
Kühlzeit: 1 bis 2 Stunden

- 1/2 l Milch
- 1 Msp Vanillemark
- 80 g Zucker
- 1 Prise Salz
- 70 g Hartweizengrieß
- abgeriebene Schale von 1 unbehandelten Zitrone
- 2 Eigelb
- 2 Eiweiß

1. Milch, Vanillemark und Zucker zum Kochen bringen.

2. Den Grieß einstreuen und unter Rühren aufkochen lassen. Zitronenschale daruntermischen und den Grießbrei einige Minuten ausquellen lassen.

3. Eigelb mit etwas heißem Grießbrei verrühren, dann unter den restlichen Brei mischen.

4. Eiweiß steif schlagen und unter die Grießcreme ziehen. In kalt ausgespülte Formen füllen und kalt stellen.

5. Die Creme stürzen und nach Belieben mit einer Fruchtsauce (siehe Seite 136/137) servieren.

Pro Person:
Kalorien (kcal) 250
Eiweiß (g) 9
Fett (g) 8
Kohlenhydrate (g) 34

QUARKKUPPEL À LA CASSATA SIZILIANA

Bestellt man in Sizilien eine »Cassata«, bekommt man ein Stück gut gekühlte, saftige Quarktorte, angereichert mit vielen kandierten Früchten und Nüssen. Dieses traditionelle Dessert wird häufig an Festtagen serviert. Das nachfolgende Rezept ist ohne den üblichen Biskuitboden, dafür in der bei uns bekannten Kuppelform zubereitet.

Für 8 Personen
Zubereitungszeit: 45 Minuten
Kühlzeit: 3 bis 4 Stunden

- 100 g gemischte kandierte Früchte
- 4 cl Maraschino oder Orangenlikör
- 30 g Pistazienkerne
- 30 g Pinienkerne
- 30 g geschälte Mandeln
- 50 g Zartbitterschokolade
- 200 g Zucker
- 2 EL Vanillezucker
- 3 Blatt weiße Gelatine
- 750 g Ricotta

Außerdem:

- 1/4 l Sahne
- einige kandierte Früchte

1. Die kandierten Früchte in kleine Würfel schneiden. Mit Alkohol begießen und durchziehen lassen. Pistazien-, Pinienkerne, Mandeln und Schokolade grob hacken.
2. Zucker, Vanillezucker und 5 EL Wasser in einer Kasserolle sirupartig einkochen. Die Gelatine in reichlich kaltem Wasser einweichen.
3. Ricotta und Sirup zu einer glatten Masse verrühren. Die Gelatine gut ausdrücken und in einem kleinen Topf bei schwacher Hitze auflösen. 2 EL Ricotta unter die Gelatine rühren, dann mit dem restlichen Frischkäse sorgfältig vermischen.
4. Die Früchte mit der Einweichflüssigkeit, den Nüssen und der Schokolade gründlich unter den Frischkäse rühren.
5. Eine Kuppelform von etwa 1,5 l Inhalt mit kaltem Wasser ausspülen. Die Masse in die Form füllen und die Oberfläche glattstreichen. Mit Klarsichtfolie abdecken und einige Stunden im Kühlschrank fest werden lassen.
6. Kurz vor dem Servieren die Sahne steif schlagen und die Cassata damit verzieren. Mit kandierten Früchten kunstvoll garnieren!

Pro Person:
Kalorien (kcal) 448
Eiweiß (g) 17
Fett (g) 21
Kohlenhydrate (g) 43

• Allmählich bekommt man Ricotta auch bei uns fast in jedem Supermarkt. Gibt es dennoch Probleme, nehmen Sie statt des italienischen Frischkäses Schichtkäse oder Magertopfen!
• Servieren Sie zu besonderen Anlässen die Cassata mit einer Erdbeer- oder Himbeersauce (siehe Seite 136/137)!

Früchte vorbereiten
Die kandierten Früchte mit einem scharfen Messer in kleine Würfel schneiden. Je bunter die Mischung ist, um so hübscher sieht die Cassata aus. Die Früchte mit Alkohol gut durchziehen lassen.

Zuckersirup kochen
Zucker, Vanillezucker und 5 EL Wasser in einer Kasserolle erhitzen. Unter Rühren mit einem Holzlöffel so lange kochen lassen, bis die Flüssigkeit große Blasen wirft und bei der Fingerprobe Fäden zieht (siehe Seite 25).

Ricotta verrühren
Den Frischkäse mit einem Schneebesen mit festen Drahtschlaufen glattrühren, dabei nach und nach den Sirup hinzufügen. Es muß eine glatte, cremige Masse entstehen.

Gelatine verarbeiten
Die Gelatine einweichen, gut ausdrücken und in einem Topf bei schwacher Hitze auflösen. Zuerst 2 EL von der Ricottacreme mit der Gelatine verrühren, dann unter Rühren mit dem restlichen Frischkäse sorgfältig vermischen.

Cassata fertigstellen
Alle vorbereiteten Zutaten gleichmäßig unter die Frischkäsecreme rühren. Eine Kuppelform von 1,5 l Inhalt mit kaltem Wasser ausspülen, die Masse einfüllen und die Oberfläche glattstreichen. Mit Klarsichtfolie abdecken und kalt stellen.

TIRAMISU

Obwohl es eigentlich nie ein Klassiker der italienischen Küche war, hat kein anderes Dessert aus Italien bei uns derart für Furore gesorgt wie die Komposition aus espressogetränktem Biskuit und sahniger Mascarponecreme. Niemand kann genau nachvollziehen, welchen Ursprung diese Süßspeise hat, die übersetzt soviel bedeutet wie »zieh mich hoch«. Heute jedenfalls wird sie fast in ganz Europa mit Genuß gelöffelt. Hier die klassische Version und einige traumhafte Variationen.

Für 4 Personen
Zubereitungszeit: 30 Minuten
Kühlzeit: etwa 3 Stunden

- 200 ml Espresso
- 4 cl italienischer Weinbrand oder Cognac
- 4 Eigelb
- 80 g Zucker
- 1/2 Vanilleschote
- 500 g Mascarpone
- etwa 150 g Löffelbiskuits
- Kakaopulver, schwach entölt

1. Den Espresso frisch zubereiten, mit dem Alkohol vermischen und abkühlen lassen.
2. Eigelb und Zucker so lange schaumig schlagen, bis sich der Zucker vollständig aufgelöst hat. Die Vanilleschote der Länge nach aufschneiden und das Mark mit einem spitzen Messer in die Creme schaben. Den Mascarpone löffelweise darunterrühren.
3. Eine rechteckige große Form mit der Hälfte der Löffelbiskuits auslegen und mit der Hälfte des Espressos tränken. Eine Hälfte der Mascarponecreme darüber verteilen und glattstreichen. Mit den restlichen Biskuits belegen, ebenfalls tränken und mit der restlichen Mascarponecreme bedecken.
4. Die Oberfläche glattstreichen, mit Klarsichtfolie abdecken und das Tiramisu einige Stunden kalt stellen.
5. Vor dem Servieren dick mit Kakao bestäuben.

Pro Person:
Kalorien (kcal) 779
Eiweiß (g) 22
Fett (g) 52
Kohlenhydrate (g) 44

- Das Tiramisu über Nacht durchziehen lassen. So schmeckt es am besten!
- Dazu paßt: ein Espresso oder ein Cognac!

1

2

3

1. Tiramisu mit Amaretti und Grappa (für 4 Personen)
Etwa 60 g kleine Amaretti auf 4 Souffléförmchen (10 cm Durchmesser) verteilen. 6 cl Espresso und 2 cl Grappa vermischen und mit zwei Drittel davon die Kekse tränken.
2 Eigelb, 4 cl Amaretto und 40 g Zucker über einem heißen Wasserbad wie eine Zabaione aufschlagen (siehe Seite 133). 250 g Mascarpone mit einem Schneebesen glattrühren und den Amarettoschaum gleichmäßig darunterziehen. Die Creme auf den Amaretti verteilen. Pro Förmchen 3 Amaretti in den restlichen Espresso tauchen und leicht in die Creme drücken. Mit Klarsichtfolie abdecken und mindestens 2 Stunden durchziehen lassen. Wird das Tiramisu in einer großen rechteckigen Form zubereitet, muß die Zutatenmenge verdoppelt werden.

2. Schoko-Tiramisu (für 6 bis 8 Personen)
Eine rechteckige halbhohe Form mit etwa 75 g Löffelbiskuits auslegen. 200 ml Espresso und 6 cl Amaretto vermischen und mit der Hälfte davon die Biskuits tränken.
4 Eigelb, 60 g Zucker und 2 gehäufte EL schwach entölten Kakao über einem heißen Wasserbad zu einer schaumigen Creme aufschlagen. 500 g Mascarpone glattrühren und löffelweise die Schaummasse darunterrühren. Die Hälfe der Creme auf den Löffelbiskuits verteilen, mit etwa 75 g Löffelbiskuits bedecken und mit dem restlichen Espresso beträufeln. Die zweite Hälfte der Creme darüberstreichen, mit Klarsichtfolie abdecken und einige Stunden kalt stellen. Vor dem Servieren mit Schokoladenfächern oder -spänen garnieren und mit Puderzucker bestäuben.

3. Tiramisu für Kinder (für 6 bis 8 Personen)
Eine große rechteckige Form mit 75 g Löffelbiskuits auslegen. Je 250 g Erdbeeren und Himbeeren mit 2 EL Puderzucker im Mixer pürieren und durch ein feines Sieb passieren. Die Biskuits mit der Hälfte des Fruchtmarks begießen.
4 Eigelb mit 80 g Zucker, 2 EL Vanillezucker, etwas abgeriebener unbehandelter Orangenschale und dem Saft von 1/2 Orange schaumig rühren. 500 g Mascarpone glattrühren und löffelweise die Schaummasse hinzufügen. Die Hälfte der Creme auf den Biskuits verteilen, mit 75 g Löffelbiskuits belegen und mit dem restlichen Beerenmark beträufeln. Mit der zweiten Hälfte der Creme bedecken und die Oberfläche glattstreichen. Mit Klarsichtfolie abdecken und mehrere Stunden kalt stellen. 1/4 l Sahne steif schlagen, in einen Spritzbeutel füllen und die Oberfläche mit Sahnetupfen verzieren. Mit Himbeeren und Erdbeeren garnieren und Puderzucker bestäuben.

FRUCHT-DESSERTS

Ob als Salat, Kompott, Grütze oder Gelee serviert – Desserts aus Früchten bieten immer einen besonders erfrischenden Genuß!

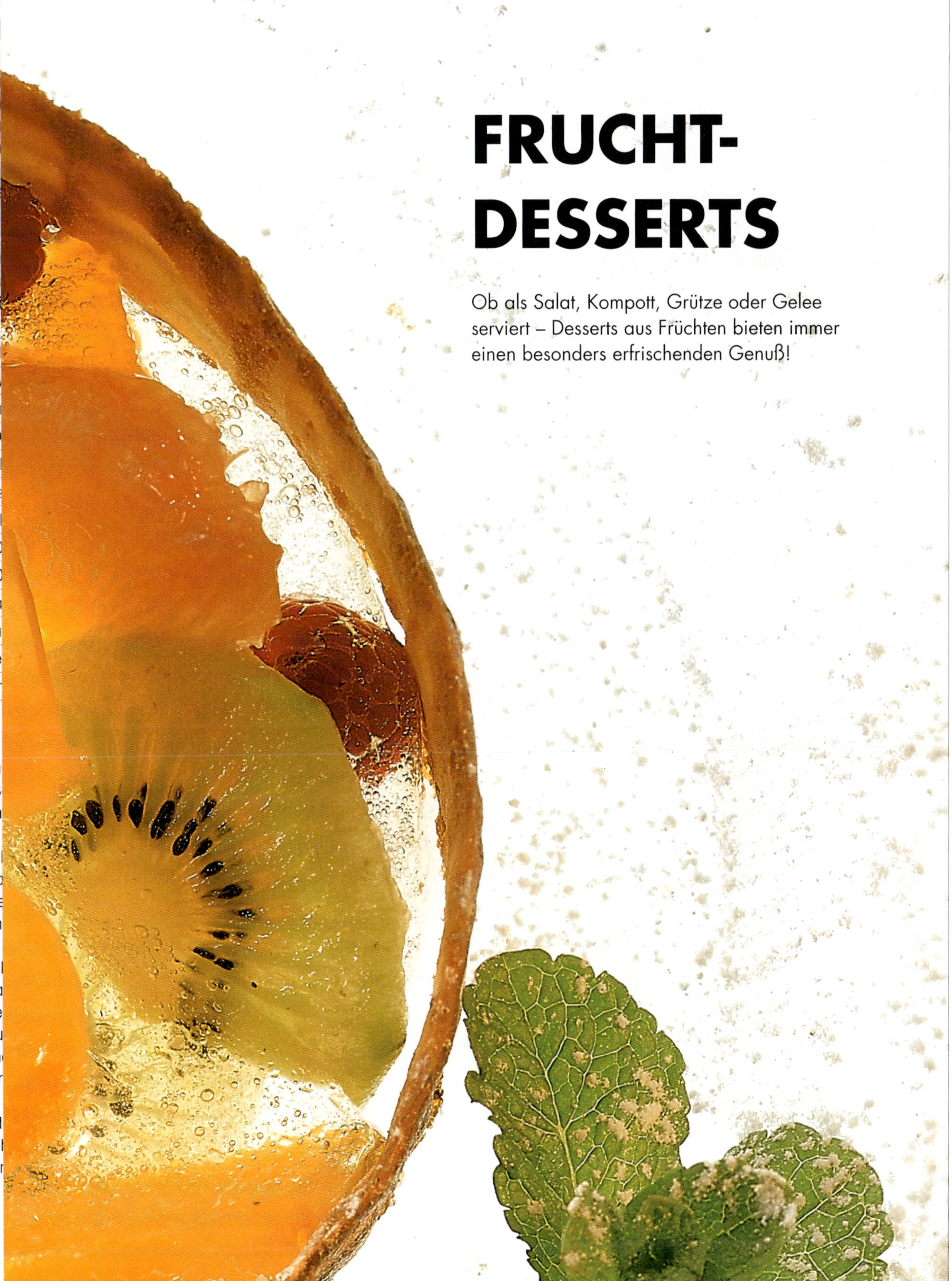

ROTWEINZWETSCHGEN

Kompott, das klingt für viele nach einer eher eintönigen Angelegenheit! Mit etwas Phantasie zubereitet, sind die gargezogenen Früchte pur oder als Beigabe zu Eis oder Cremes jedoch ein wahrer Hochgenuß. Wichtig ist nur, daß die Früchte Farbe, Form und Aroma behalten!

Für 4 Personen
Zubereitungszeit: 25 Minuten

1/2 l gehaltvoller Rotwein
150 g Zucker
1 Stück Zimtstange
2 Gewürznelken
1 Stück unbehandelte
Orangenschale
1 kg vollreife Spätzwetschgen
4 cl Armagnac

1. Rotwein, Zucker und die Gewürze in einen Topf geben, erhitzen und etwa 5 Minuten köcheln lassen.

2. Zwetschgen halbieren, entsteinen und in den kochenden Sud geben.

3. Die Hitze sofort reduzieren und die Früchte etwa 6 bis 8 Minuten pochieren.

4. Die Zwetschgen mit dem Schaumlöffel aus dem Sud heben und in eine Schüssel geben.

5. Den Sud bei starker Hitze sirupartig einkochen.

6. Von der Kochstelle nehmen, die Gewürze entfernen und den Fruchtsirup mit Armagnac abschmecken. Die Früchte damit übergießen und erkalten lassen.

Pro Person:
Kalorien (kcal) 400
Eiweiß (g) 2
Fett (g) 0
Kohlenhydrate (g) 68

Kochsud vorbereiten
Den Wein und die Gewürze in einen Topf geben, der so groß sein soll, daß die zu pochierenden Früchte darin ausreichend Platz haben. Den Sud zum Kochen bringen!

Früchte pochieren
Die halbierten und entsteinten Früchte in den Kochsud geben und zugedeckt darin je nach Reifegrad 6 bis 8 Minuten pochieren. Die Flüssigkeit soll dabei nicht kochen.

Sud einkochen lassen
Früchte aus dem Sud heben, Gewürze entfernen! Flüssigkeit bei starker Hitze sirupartig einkochen lassen und mit Alkohol abschmecken. Die Früchte in dem Sud marinieren.

- Die verwendeten Früchte müssen unbedingt vollreif, dürfen aber auf keinen Fall zu weich sein!
- Für alle Kompottvariationen gilt: Wer mehr Flüssigkeit möchte, kocht den Sud kürzere Zeit und dickt den Saft mit 1 TL kalt angerührter Speisestärke (z. B. Mondamin) an.

GEBACKENE EISKUGELN

Kontraste sind immer reizvoll, ganz besonders wenn heiß und kalt miteinander kokettieren! Dieses raffinierte Dessert kann man außerdem in aller Ruhe vorbereiten, dann in einen Kälteschlaf versetzen und erst bei Bedarf im heißen Fett erwachen lassen.

Für 4 Personen
Zubereitungszeit: 1 Stunde

Für den Biskuit:
3 Eigelb, 80 g Zucker
3 Eiweiß
30 g Speisestärke, z. B. Mondamin
20 g Mehl
10 g Kakaopulver, stark entölt

Außerdem:
6 große Kugeln Vanilleeis
2 Eier
100 g Haselnußblättchen
Keimöl zum Fritieren

1. Den Backofen auf 180° C vorheizen. Aus den angegebenen Zutaten einen Biskuitteig zubereiten und möglichst dünn auf ein mit Backpapier ausgelegtes Backblech streichen. Etwa 6 bis 8 Minuten backen. Der Biskuit darf auf keinen Fall trocken und brüchig werden!

2. Biskuit ein wenig abkühlen lassen. Dann mit einem Ausstecher 12 ausreichend große Kreise ausstechen, die Eiskugeln müssen damit umhüllt werden.

3. Die Eiskugeln jeweils auf einen Biskuitkreis legen und mit einem zweiten bedecken. Teigränder mit beiden Händen fest zusammendrücken und wie einen Knödel gleichmäßig rund formen.

4. Eier verquirlen. Die Kugeln erst darin, dann in den Nußblättchen wenden. Die Panade festdrücken und die Bällchen nebeneinander auf eine Platte legen. Zudecken und in das Tiefkühlgerät stellen.

5. Öl in einer Friteuse erhitzen. Die Kugeln darin in wenigen Minuten goldbraun und knusprig backen. Mit einem Schaumlöffel herausheben, auf Küchenpapier abtropfen lassen und sofort servieren.

Pro Person:
Kalorien (kcal) 384
Eiweiß (g) 11
Fett (g) 20
Kohlenhydrate (g) 38

• Probieren Sie auch folgende raffinierte Variationen:
– Erdbeereis mit hellem Biskuit umhüllen und mit Mandelblättchen panieren
– Ananas- oder Mangoeis mit Schokobiskuit umhüllen und mit Kokosflocken panieren
– Schokoladen- oder Mokkaeis mit hellem Biskuit umhüllen und mit gehackten Walnüssen panieren
• Eine Mangofruchtsauce oder Himbeermark passen gut dazu!

KIWISORBET

Früher als Wassereis kaum beachtet, heute das Tüpfelchen auf dem »i«: das Sorbet. In einer elektrischen Eismaschine oder einer Sorbetiere gelingt das Sorbet nicht nur am besten, es geht auch am schnellsten. Die Anschaffung einer Eismaschine lohnt sich jedoch nur, wenn man ein Liebhaber eisiger Desserts ist und Sorbets oder Eis oft selbst zubereitet!

Für 4 bis 6 Personen
Zubereitungszeit: 15 Minuten
Gefrierzeit: 15 Minuten bis 2 Stunden

- 100 g Zucker
- 5 Kiwis (etwa 400 g Fruchtfleisch)
- Saft und Schale von 1 Limette
- 2 cl Kiwilikör
- 1/8 l Weißwein, halbtrocken
- 1 Eiweiß

1. Den Zucker mit 4 EL Wasser sirupartig einkochen, dann abkühlen lassen.

2. Die Kiwis schälen und im Mixer pürieren. Zwei Drittel des Fruchtpürees durch ein Sieb passieren, damit das Sorbet nicht zu viele schwarze Kerne enthält.

3. Den Zuckersirup mit dem Kiwipüree, Limettensaft und -schale, Likör und Wein vermischen.

4. Das Eiweiß steif schlagen und gleichmäßig darunterziehen. Die Fruchtmasse in einer Eismaschine oder in einer flachen Metallform im Tiefkühlgerät unter gelegentlichem Rühren gefrieren lassen.

5. Vor dem Servieren das Sorbet leicht antauen lassen, mit einem Eßlöffel Nocken abstechen und auf Tellern anrichten.

Pro Person:
Kalorien (kcal) 150
Eiweiß (g) 1
Fett (g) 0
Kohlenhydrate (g) 30

Sorbet vorbereiten
Zucker und Wasser sirupartig einkochen. Abgekühlt mit Fruchtpüree, Zitrussaft und -schale, Likör und Wein vermischen. Den Eischnee darunterziehen.

Sorbet gefrieren
Die Masse in einer elektrischen Eismaschine cremig gefrieren lassen oder in einer Metallform im Tiefkühlgerät und unter gelegentlichem Rühren gefrieren lassen.

Sorbet anrichten
Kurz vor dem Servieren das Sorbet leicht antauen lassen. Mit einem Eßlöffel Nocken abstechen und auf Tellern oder in Glasschalen anrichten.

Läßt man die Masse in einer Metallform gefrieren, bilden sich durch den relativ geringen Zuckergehalt kleine Kristalle. Das Dessert heißt jetzt allerdings nicht mehr Sorbet, sondern Granité. Es erinnert an gestoßenes Eis. Die Körnung des Granités kann man durch die Häufigkeit des Durchrührens variieren.

ZITRUSSORBET MIT CAMPARI

Für 4 Personen
Zubereitungszeit: 15 Minuten
Gefrierzeit: 30 Minuten bis 2 Stunden

150 g Zucker
1/8 l frisch gepreßter Orangensaft
1/8 l frisch gepreßter Saft von rosa Grapefruits
100 ml Weißwein, halbtrocken
8 cl Campari
1 Eiweiß

1. Den Zucker mit 5 EL Wasser sirupartig einkochen, dann abkühlen lassen.

2. Orangen- und Grapefruitsaft durch ein Sieb zu dem Sirup gießen, mit Wein und Campari verrühren. Eiweiß steif schlagen und darunterziehen.

3. In einer Eismaschine oder in einer flachen Metallform unter gelegentlichem Rühren im Tiefkühlgerät gefrieren lassen.

4. Mit einem Eßlöffel Nocken abstechen und auf Zitronengelee (siehe Seite 57) anrichten. Mit Konfetti von Zitrusschalen garnieren.

Pro Person:
Kalorien (kcal) 234
Eiweiß (g) 1
Fett (g) 0
Kohlenhydrate (g) 48

APFELSORBET

Für 4 Personen
Zubereitungszeit: 20 Minuten
Gefrierzeit: 20 Minuten bis 2 Stunden

120 g Zucker
1/8 l Apfelsaft oder Cidre
800 g aromatische Äpfel
Saft von 1 Zitrone
4 cl Calvados
1 Eiweiß

1. Zucker und Apfelsaft oder Cidre kurz aufkochen lassen.

2. Äpfel schälen, halbieren, entkernen und kleinschneiden. In der Zuckerlösung weich kochen, bis sie zerfallen.

3. Die Äpfel durch ein Sieb passieren und mit Zitronensaft und Calvados abschmecken. Eiweiß halbsteif schlagen und darunterziehen.

4. In einer Eismaschine oder in einer flachen Metallform unter gelegentlichem Rühren im Tiefkühlgerät gefrieren lassen.

5. Mit einem Eßlöffel Nocken abstechen oder das Sorbet in fritierte Apfelhüllen füllen und auf Tellern anrichten.

Pro Person:
Kalorien (kcal) 270
Eiweiß (g) 2
Fett (g) 0
Kohlenhydrate (g) 58

ORANGENSOUFFLÉ

Soufflé, das ist eine Art Auflauf, allerdings wesentlich luftiger und zarter. Viele scheuen sich, Soufflés zuzubereiten, aus Angst, das zarte Gebilde fällt zusammen, ehe es auf den Tisch kommt. Dabei ist die Herstellung nicht schwierig, wenn man zwei Dinge beherzigt: Das sehr steif geschlagene Eiweiß erst kurz, bevor das Soufflé in den Ofen kommt, vorsichtig unter den Teig heben. Und: Der Gast wartet auf das Soufflé, und nicht umgekehrt!

Für 4 Personen
Zubereitungszeit: 50 Minuten

Für den Teig:
- 30 g kandierte Orangenscheiben
- 2 cl Grand Marnier
- 1/2 unbehandelte Orange
- 40 g Zucker
- 1/8 l Milch
- 20 g Butter
- 20 g Mehl
- 3 Eiweiß
- 2 Eigelb

Außerdem:
- etwas Butter
- 1 EL Vanillezucker
- Puderzucker zum Bestäuben

1. Die Orangenscheiben in sehr kleine Würfel schneiden, mit Orangenlikör begießen und mindestens 15 Minuten marinieren.
2. Die Orange heiß waschen und abtrocknen. Mit einem Zestenreißer die Schale abziehen und mit 20 g Zucker in der Milch erhitzen.
3. Vier Souffléförmchen von 1/8 l Inhalt mit Butter ausfetten und Vanillezucker ausstreuen. Den Backofen auf 200° C vorheizen. Einen großen flachen Topf zweifingerbreit mit Wasser füllen und auf die mittlere Schiene des Backofens stellen.
4. Die Butter in einer Kasserolle zerlassen und das Mehl darunterrühren. Mit der Orangenmilch ablöschen. Unter Rühren einmal aufkochen lassen und sofort 1 Eiweiß darunterrühren.
5. Ein wenig abkühlen lassen, dann die Eigelb sowie die marinierten Orangenwürfel mitsamt der Flüssigkeit gleichmäßig daruntermischen.
6. Das restliche Eiweiß mit 20 g Zucker zu steifem Schnee schlagen und unter den Teig ziehen.
7. Die Masse bis etwa 1 cm unter den Rand in die Förmchen füllen.
8. Im Wasserbad etwa 15 bis 20 Minuten garen. Sofort mit Puderzucker bestäuben und servieren.

Pro Person:
Kalorien (kcal) 190
Eiweiß (g) 7
Fett (g) 9
Kohlenhydrate (g) 17

Das Eiweiß unbedingt mit dem Zucker steif schlagen! Der Eischnee wird auf diese Weise zwar nicht so locker und schaumig, dafür aber widerstandsfähiger. Ideal also für die Zubereitung von Soufflés, da diese dann nicht so schnell zusammenfallen.

Förmchen vorbereiten
Die Souffléförmchen mit Butter ausfetten und mit Vanillezucker ausstreuen. Den Backofen auf 200° C vorheizen. Einen flachen großen Topf zweifingerbreit mit Wasser füllen und auf die mittlere Schiene des Backofens stellen.

Mehlschwitze zubereiten
Butter in einer Kasserolle bei schwacher Hitze zerlassen. Mehl einrühren und aufschäumen lassen. Mit der heißen Orangenmilch ablöschen und unter Rühren einmal aufkochen lassen. Sofort 1 Eiweiß darunterrühren.

Eigelb darunterrühren
Die Masse etwas abkühlen lassen. Nach und nach die Eigelb darunterrühren. Dann die marinierten Orangenwürfel mitsamt Alkohol hinzufügen.

Eiweiß steif schlagen
Das restliche Eiweiß in eine fettfreie Schlagschüssel geben, den Zucker hinzufügen und mit einem Schneebesen oder dem Handrührgerät auf der niedrigsten Stufe cremig und steif schlagen.

Eischnee unterziehen
Ein Drittel des Eischnees darunterrühren, den Rest mit einem Teigschaber oder Kochlöffel vorsichtig darunterziehen. Die Masse sofort bis 1 cm unter den Rand in die Förmchen füllen.

HIPPENBLÄTTER

Knuspriges und dennoch auf der Zunge zergehendes Hippengebäck ist zwar rasch zubereitet, man benötigt dabei allerdings etwas Fingerspitzengefühl. Mit der Schritt-für-Schritt-Anleitung schaffen Sie es jedoch ganz leicht! Die angegebene Menge ergibt, je nach Größe des Durchmessers, etwa 16 Blätter.

Für 8 Personen
Zubereitungszeit: 30 Minuten
Ruhezeit: 1 Stunde

- 200 g Marzipanrohmasse
- 120 g Zucker
- Mark von 1/4 Vanilleschote
- 1 Ei
- 100 ml Milch
- 80 g Mehl
- Fett und Mehl für das Blech

1. Den Backofen auf 190° C vorheizen. Das Backblech in das Tiefkühlgerät legen.
2. Marzipan, Zucker, Vanillemark, Ei und Milch mit einem Schneebesen verrühren. Das Mehl sieben und nach und nach darunterrühren. Den Teig durch ein feines Sieb passieren und 1 Stunde ruhen lassen.
3. Das Backblech einfetten und mit Mehl bestäuben.
4. Mit Hilfe einer Schablone aus Pappe oder Plastik den Teig mit einer Palette gleichmäßig und sehr dünn auf das Blech streichen. Danach die Schablone abnehmen.
5. Im Backofen in 5 bis 8 Minuten backen. Die Ränder sollen goldbraun, das Innere noch hell sein.
6. Backblech zur Hälfte aus dem Ofen ziehen. Die Hippenblätter sofort mit einer Palette vom Blech lösen, mit den vorderen Blättern beginnen.
7. Hippenblätter noch warm sofort in eine beliebige Form (z. B. Briocheförmchen) drücken. Nach etwa 1 Minute wieder aus der Form nehmen und abkühlen lassen.

Pro Person:
Kalorien (kcal) 260
Eiweiß (g) 4
Fett (g) 11
Kohlenhydrate (g) 35

Teig zubereiten
Alle Zutaten bis auf das Mehl mit den Schneebesen eines Handrührgerätes verrühren. Mehl sieben und darunterrühren. Den Teig durch ein Sieb passieren und ruhen lassen.

Teig aufstreichen
Backblech einfetten und mit Mehl bestäuben. Mit Hilfe einer Schablone den Teig gleichmäßig und dünn auf das Blech streichen. Danach die Schablone abnehmen.

Blüten formen
Backblech zur Hälfte aus dem Ofen ziehen und die Kreise mit einer Palette ablösen. Sofort in Förmchen drücken! Herausnehmen und abkühlen lassen. Rasch arbeiten!

- Der Teig muß unbedingt gleichmäßig aufgestrichen werden, da die Hippen sonst unterschiedlich bräunen.
- Man kann auch Schablonen in unterschiedlichen Formen, z. B. Blüten oder Blätter, zuschneiden.

TORTELETTS

Ob mit frischen Früchten oder einer zarten Creme gefüllt, knusprige Torteletts sind immer wieder ein begehrtes Dessert. Backen Sie am besten gleich die doppelte Menge! In Blechdosen aufbewahrt, bleibt das Gebäck mehrere Wochen frisch.

Für 8 Personen
Zubereitungszeit: 35 Minuten
Kühlzeit: 4 bis 5 Stunden

Für den Mürbeteig:
300 g Mehl
1 Prise Salz
50 g Zucker
200 g eiskalte Butter
Außerdem:
Fett für die Förmchen
Hülsenfrüchte zum Blindbacken

1. Mehl, Salz und Zucker auf ein Backbrett häufen. In die Mitte eine Mulde drücken und 6 bis 8 EL Eiswasser hineingeben. Die Butter in Flöckchen schneiden und auf den Mehlrand setzen. Mit einem breiten Messerrücken oder einer Palette alles rasch hacken.
2. Mit gekühlten Händen alles schnell von außen nach innen zu einem glatten Teig verkneten. Die Hände dazu vorher unter kaltes Wasser halten.
3. Den Teig mit Klarsichtfolie umhüllen und für mehrere Stunden in den Kühlschrank legen.
4. Den Backofen auf 200° C vorheizen. Den Teig etwa 3 mm dünn ausrollen. Formen ausfetten und mit dem Teig auskleiden. Erneut mindestens 30 Minuten in den Kühlschrank stellen.
5. Pergamentpapier in der Größe der Formen zuschneiden, auf den Teig legen und Hülsenfrüchte daraufstreuen.
6. Im Backofen in 15 Minuten blindbacken. Hülsenfrüchte und Papier entfernen. Auf einem Kuchengitter abkühlen lassen und die Torteletts aus den Formen lösen.

Pro Person:
Kalorien (kcal) 350
Eiweiß (g) 4
Fett (g) 21
Kohlenhydrate (g) 34

• Mit dem Teig können Sie beliebige Formen, wie z. B. Schiffchen, Spring- oder Tarteformen, auskleiden.
• Die Torteletts mit Konditor-Creme füllen und mit frischen Beerenfrüchten oder kleingeschnittenen exotischen Früchten belegen.
• Überziehen Sie die Früchte mit einem Tortenguß. Dieser verleiht den Früchten ein besonders frisches Aussehen und schützt vor Austrocknung!

APFELSTRUDEL

Weltweit bekannt ist der Wiener Apfelstrudel, der nur mit Fett bestrichen trocken auf dem Blech gebacken wird. Im bayerischen Nachbarland hingegen liebt man den Strudel saftig, mit Milch übergossen und einem knusprigen »Rammerl«. Welche Art Sie auch bevorzugen, die Kunst liegt allein in der Teigzubereitung. Denn nur wenn der Strudelteig eine optimale Konsistenz hat, läßt er sich hauchdünn ausziehen!

Für 8 Personen
Zubereitungszeit: 1 Stunde
Ruhezeit: 30 Minuten

Für den Strudelteig:
250 g Mehl, 1 Prise Salz
1 Eigelb
1 EL Keimöl
Für die Füllung:
1,5 kg aromatische Äpfel,
z. B. Cox Orange oder Boskop
Saft von 1 Zitrone
80 g Rosinen
50 g gehackte Mandeln
100 g flüssige Butter
2 EL Vanillezucker
2 EL Zwiebackbrösel
1 TL gemahlener Zimt
Außerdem:
Fett für das Backblech
Puderzucker zum Bestäuben

1. Das Mehl auf eine Arbeitsplatte sieben, in die Mitte eine Mulde drücken. Salz, Eigelb, Öl und knapp 1/8 l lauwarmes Wasser hineingießen.
2. Mit einer Gabel verrühren und mit warmen Händen zu einem glatten und leicht glänzenden Teig verkneten.
3. Den Teig mit Öl bestreichen, eine vorgewärmte Schüssel aus Metall darüberstülpen und den Teig etwa 30 Minuten ruhen lassen.
4. Äpfel schälen, entkernen und in hauchdünne Scheiben schneiden. Mit Zitronensaft, Rosinen und Mandeln in einer Schüssel vermischen. Backofen auf 200° C vorheizen.
5. Den Strudelteig auf einem leicht bemehlten großen Küchentuch erst mit einem Nudelholz ausrollen, dann mit Hilfe des Handrückens hauchdünn ausziehen.
6. Den Teig mit der Hälfte der Butter bestreichen und einer Mischung aus Vanillezucker, Zwiebackbrösel und Zimt bestreuen. Die Apfelmischung gleichmäßig darauf verteilen und den Strudel mit Hilfe des Tuches aufrollen.
7. Ein Backblech mit Fett bestreichen. Den Strudel auf das Blech gleiten lassen, die Oberfläche mit etwas Butter bestreichen. Im Backofen etwa 40 Minuten backen, dabei immer wieder mit der restlichen Butter bestreichen.
8. Apfelstrudel leicht abkühlen lassen, mit Puderzucker bestäuben und servieren.

Pro Person:
Kalorien (kcal) 400
Eiweiß (g) 6
Fett (g) 18
Kohlenhydrate (g) 52

Für den Teig unbedingt ein doppelgriffiges Mehl verwenden. Es enthält mehr Eiweiß, macht den Teig elastischer und das hauchdünne Ausziehen einfacher.

Strudelteig zubereiten
Mehl auf eine Arbeitsplatte sieben, in die Mitte eine Mulde drücken. Salz, Eigelb, Öl und Wasser hineingießen. Erst mit der Gabel verrühren, dann mit warmen Händen so lange kneten, bis der Teig glatt und glänzend ist.

Teig ruhen lassen
Teig mit etwas Öl bestreichen. Eine Metallschüssel vorwärmen und über den Teig stülpen. Den Teig 30 Minuten ruhen lassen. Zwischendurch die Schüssel noch einmal anwärmen.

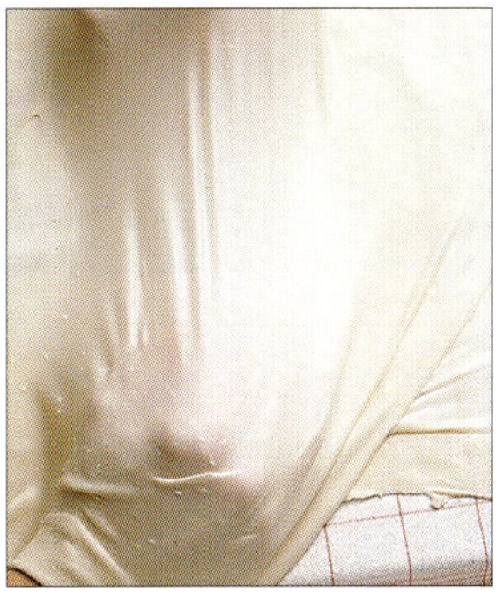

Teig ausziehen
Eine großes Baumwolltuch ausbreiten und mit etwas Mehl bestäuben. Den Teig darauf mit einem Nudelholz ausrollen, dann über den leicht bemehlten Handrücken ausziehen. Zum Schluß vorsichtig in eine rechteckige Form ziehen.

Strudel füllen
Den hauchdünnen Teig vorsichtig mit flüssiger Butter bestreichen. Mit Vanillezucker, Zwiebackbrösel und Zimt bestreuen. Dann die Fruchtmischung darauf verteilen. Mit Hilfe des Tuches von der Längsseite her aufrollen.

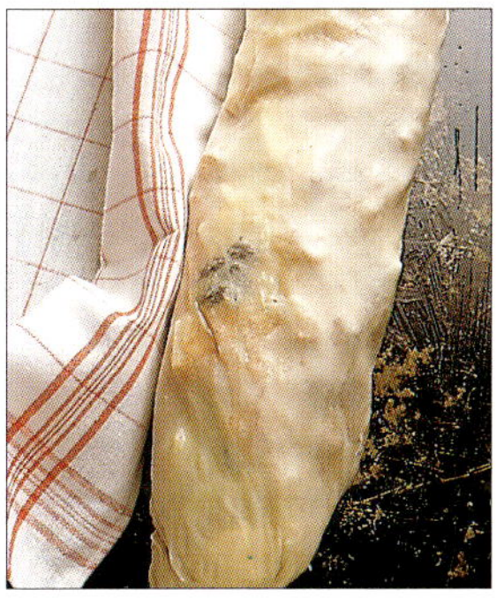

Strudel backen
Strudel mit Hilfe des Tuches auf ein gefettetes Backblech gleiten lassen. Die Teigkanten sollen unten sein. Den Strudel mit flüssiger Butter bestreichen und im Backofen in 40 Minuten goldbraun backen.

CRÊPES, OMELETTS & CO.

Man nehme: Ein paar frische Eier, etwas Mehl, Milch, Butter und eine große Pfanne – und im Handumdrehen sind die herrlichsten luftigen Leckerbissen fertig!

sola

CRÊPES MIT CALVADOSÄPFELN

Crêpes sind die zarten, hauchdünnen französischen Verwandten des Pfannkuchens. In der Bretagne kennt man Crêpes schon seit dem 13. Jahrhundert, und noch heute ist es Sitte, daß eine junge Frau an ihrem Hochzeitstag Crêpes backen muß. Gelingt ihr das Wenden mit einem gekonnten Schwung, gilt dies als gutes Omen für die Ehe.

Für 4 Personen
Zubereitungszeit: 35 Minuten
Ruhezeit: 1 Stunde

Für den Crêpeteig:
80 g Mehl, 1 Prise Salz
1 TL Vanillezucker
2 Eier, 1 Eigelb, 100 ml Milch
100 ml Mineralwasser mit Kohlensäure
2 EL flüssige Butter

Für die Füllung:
300 g aromatische Äpfel
20 g Butter, 30 g Zucker
2 EL Rosinen
4 cl Calvados, 4 bis 5 EL Cidre

Außerdem:
Butter zum Braten
Puderzucker zum Bestäuben

1. Mehl, Salz und Vanillezucker in eine Schüssel geben und unter Rühren mit dem Schneebesen die Eier und das Eigelb hinzufügen. So lange rühren, bis ein glatter Teig entstanden ist.
2. Milch und Mineralwasser dazugeben und erneut kräftig durchschlagen. Die flüssige Butter darunterrühren und den Teig 1 Stunde ruhen lassen.
3. Die Äpfel schälen, vierteln, entkernen und in dünne Scheiben schneiden.
4. Butter und Zucker in einer Pfanne karamelisieren lassen und die Apfelstücke darin anbraten. Rosinen hinzufügen, mit Calvados und Cidre ablöschen und die Äpfel einige Minuten dünsten.
5. In einer Eisenpfanne wenig Butter erhitzen. Mit einer kleinen Schöpfkelle etwas Crêpeteig hineingießen. Durch Drehen und Schwenken der Pfanne den Teig gleichmäßig dünn auf dem Boden verteilen.
6. Crêpe hellbraun backen, mit einer Palette oder einem gekonnten Schwung mit der Pfanne wenden und auch die zwei Seite goldbraun braten.
7. Auf diese Weise 8 Crêpes (etwa 16 cm Durchmesser) backen. Jeweils auf einen Teller geben, einen zweiten Teller darüberlegen und in den warmen Backofen stellen, bis alle Crêpes gebacken sind.
8. Die Calvadosäpfel auf den Crêpes verteilen, zweimal zusammenfalten oder aufrollen und leicht mit Puderzucker bestäuben.

Pro Person:
Kalorien (kcal) 355
Eiweiß (g) 8
Fett (g) 16
Kohlenhydrate (g) 35

• Wer das Dessert besonders effektvoll servieren möchte, übergießt die fertigen Crêpes mit heißem Calvados und flambiert sie.
• Es gibt auch elektrische Crêpes-Eisen, die das Braten erleichtern sollen, aber Profis schwören auf eine gut erhitzbare Eisenpfanne!
• Besonders fein ist der Teig, wenn man statt des Mineralwassers Cidre verwendet.

Teig zubereiten
Mehl, Salz und Vanillezucker mit Eiern und Eigelb zu einem glatten Teig verrühren. Milch und Mineralwasser dazugeben und den Teig kräftig durchschlagen.

Teig fertigstellen
Zum Schluß die flüssige Butter darunterrühren und den Teig zugedeckt bei Zimmertemperatur 1 Stunde ruhen lassen, damit das Mehl aufquellen kann. Vor dem Backen den Teig nochmal kurz durchrühren.

Calvadosäpfel zubereiten
Butter und Zucker karamelisieren lassen und die Apfelstücke darin anbraten. Die Rosinen dazugeben, mit Calvados ablöschen und in wenigen Minuten weichdünsten.

Crêpes in der Pfanne backen
Butter in einer Eisenpfanne erhitzen. Mit einer Schöpfkelle etwas Teig hineingießen und durch Drehen und Schwenken der Pfanne gleichmäßig dünn am Boden verteilen. Crêpe goldbraun backen, wenden und auch die zweite Seite backen.

Crêpes mit dem Crêpes-Eisen backen
Das Eisen erhitzen. Den Teig in einen großen tiefen Teller geben. Das heiße Eisen mit der gewölbten Seite in den Teig tauchen und backen. Es wird nur eine Seite gebacken.

CRÊPES SUZETTE

Für 4 Personen
Zubereitungszeit: 35 Minuten
Ruhezeit: 1 Stunde

Für die Crêpes:
80 g Mehl, 1 Prise Salz
1 TL Vanillezucker
2 Eier, 1 Eigelb
100 ml Milch
100 ml Mineralwasser mit Kohlensäure
2 cl Grand Marnier
Butter zum Braten
Für den Sirup:
12 Würfelzucker
2 unbehandelte Orangen
30 g Butter
4 cl Grand Marnier

1. Einen Crêpeteig zubereiten, ruhen lassen und 8 Crêpes backen (siehe Seite 105).
2. Die Würfelzucker an der Orangenschale reiben, bis sie rundherum gelb gefärbt sind. Dann die Orangen auspressen.
3. Würfelzucker und Butter in einer Pfanne karamelisieren lassen, mit Orangensaft und Likör ablöschen und kurz durchkochen lassen.
4. Crêpes in der Sauce wenden, zweimal zusammenfalten und mit Orangenfilets und geschlagener Sahne servieren.

Pro Person:
Kalorien (kcal) 368
Eiweiß (g) 8
Fett (g) 12
Kohlenhydrate (g) 48

CRÊPES MIT NUSS-SCHOKO-FÜLLUNG

Für 4 Personen
Zubereitungszeit: 35 Minuten
Ruhezeit: 1 Stunde

Für die Crêpes:
80 g Mehl
1 Prise Salz
1 EL Vanillezucker
2 Eier, 1 Eigelb
100 ml Milch
100 ml Mineralwasser mit Kohlensäure
2 cl Cognac
Butter zum Braten
Für die Füllung:
200 ml Sahne
50 g Schokolade mit Nüssen
50 g gemahlene Walnüsse
50 g gehackte Walnüsse
2 cl Amaretto

1. Einen Crêpeteig zubereiten, ruhen lassen und 8 Crêpes backen (siehe Seite 105).
2. Die Sahne erhitzen, Schokolade in kleine Stücke brechen und in der Sahne schmelzen.
3. Unter Rühren einige Minuten kochen lassen, dann von der Kochstelle nehmen und die Nüsse und den Amaretto darunterrühren.
4. Die Füllung auf die Crêpes streichen und die Crêpes aufrollen. Je 2 Crêpes auf einem Teller anrichten. Mit Vanilleeis und geschmolzener Schokolade servieren.

Pro Person:
Kalorien (kcal) 700
Eiweiß (g) 15
Fett (g) 46
Kohlenhydrate (g) 45

CRÊPES MIT MARACUJASIRUP

Für 4 Personen
Zubereitungszeit: 35 Minuten
Ruhezeit: 1 Stunde

Für die Crêpes:
80 g Mehl, 1 Prise Salz
1 EL Vanillezucker, 2 Eier
1 Eigelb, 100 ml Milch
100 ml Mineralwasser mit Kohlensäure
2 EL flüssige Butter
Butter zum Braten

Für die Füllung:
2 Maracuja- oder
4 Passionsfrüchte
40 g Zucker, 20 g Butter
4 cl Maracujalikör

1. Einen Crêpeteig zubereiten, ruhen lassen und 8 Crêpes backen (siehe Seite 105).
2. Fruchtfleisch der Maracuja- oder Passionsfrüchte kurz im Mixer pürieren und durch ein Sieb passieren.
3. Zucker und Butter karamelisieren, Fruchtsaft dazugießen und sirupartig einkochen. Mit Likör abschmecken.
4. Die Crêpes in dem Sirup wenden, zweimal zusammenfalten und mit gerösteten Kokosraspeln oder -flocken bestreuen.

Pro Person:
Kalorien (kcal) 353
Eiweiß (g) 8
Fett (g) 17
Kohlenhydrate (g) 34

CRÊPES MIT CRANBERRIES

Für 4 Personen
Zubereitungszeit: 35 Minuten
Ruhezeit: 1 Stunde

Für die Crêpes:
80 g Mehl, 1 Prise Salz
1 TL Vanillezucker
2 Eier, 1 Eigelb
100 ml Milch
100 ml Mineralwasser mit Kohlensäure
2 EL flüssige Butter
Butter zum Braten

Für die Füllung:
200 g Cranberries
120 g Zucker
1/8 l gehaltvoller Rotwein
1 Stück Zimtstange
Schale von 1/2 Orange
1 gestrichener TL Speisestärke, z. B. Mondamin

1. Einen Crêpeteig zubereiten, ruhen lassen und 8 Crêpes backen (siehe Seite 105).
2. Cranberries mit Zucker, Rotwein, Zimt und Orangenschale etwa 5 bis 6 Minuten kochen.
3. Auf einem Sieb abtropfen lassen, den Sud auffangen und zum Kochen bringen.
4. Die Speisestärke mit 2 EL kaltem Wasser anrühren und den Sud damit binden. Die Beeren unter die Sauce mischen.
5. Die Beeren mit der Sauce auf den Crêpes verteilen, die Crêpes aufrollen und mit Puderzucker bestäubt servieren.

Pro Person:
Kalorien (kcal) 352
Eiweiß (g) 8
Fett (g) 10
Kohlenhydrate (g) 50

KAISERSCHMARRN

Wie diese Nachspeise entstanden ist, erfährt man in Österreich aus vielen rührenden Erzählungen über Kaiser Franz Joseph oder Kaiserin Sissi. Wahrscheinlich ist der Schmarrn aber schon lange vor der Kaiserzeit völlig unromantisch von »Kasern«, so heißen die Senner auf den Almen, zubereitet worden. Sie mußten aus ihren dürftigen Beständen für sich selbst, Waldarbeiter oder Wanderer eine sättigende Mahlzeit zaubern.

Für 4 Personen
Zubereitungszeit: 30 Minuten

- 3 Eigelb, 30 g Zucker
- 1 EL Vanillezucker
- 1 Prise Salz, 100 ml Sahne
- 20 g Speisestärke, z. B. Mondamin
- 80 g Mehl, 50 g Rosinen
- 4 Eiweiß
- 40 g Butterschmalz zum Braten
- 2 EL Puderzucker zum Bestäuben

1. Den Backofen auf 220° C vorheizen.

2. Eigelb, Zucker, Vanillezucker und Salz schaumig rühren. Nach und nach Sahne, Speisestärke, Mehl und Rosinen darunterrühren.

3. Die Eiweiß steif schlagen und vorsichtig unter den Teig ziehen.

4. 20 g Butterschmalz in einer großen Pfanne mit feuerfestem Griff erhitzen und den Teig hineingeben. 2 bis 3 Minuten backen lassen, dann die Pfanne in den Backofen stellen. Den Teig in etwa 6 bis 8 Minuten aufgehen und goldbraun backen lassen.

5. Die Pfanne erneut auf die heiße Kochplatte stellen und den Pfannkuchen in Stücke reißen.

6. Restliches Butterschmalz dazugeben und mit Puderzucker bestäuben. Unter Schwenken der Pfanne leicht karamelisieren lassen.

7. Den Schmarrn auf eine vorgewärmte Platte geben und sofort, am besten mit Zwetschgenkompott oder Apfelmus, servieren.

Pro Person:
Kalorien (kcal) 390
Eiweiß (g) 9
Fett (g) 20
Kohlenhydrate (g) 39

Teig zubereiten
Eigelb, Zucker, Vanillezucker und Salz schaumig rühren. Nach und nach die übrigen Zutaten dazugeben. Die Eiweiß steif schlagen und vorsichtig unter den Teig ziehen.

Schmarrn backen
In einer Pfanne 20 g Butterschmalz erhitzen, die Schaummasse hineingeben und 2 bis 3 Minuten backen. Dann im 220° C heißen Backofen in 6 bis 8 Minuten fertigbacken.

Schmarrn fertigstellen
Die Pfanne auf die Kochplatte stellen. Den Pfannkuchen in Stücke reißen. Das restliche Butterschmalz dazugeben, mit Puderzucker bestäuben und karamelisieren lassen.

Soll der Schmarrn als sättigende Mehlspeise, z.B. nach einer Suppe, gereicht werden, muß man die Menge der Zutaten verdoppeln.

TIROLER TOPFENSCHMARRN

Für 4 Personen
Zubereitungszeit: 1 Stunde

- 3 Eigelb
- 30 g Zucker
- 1 Prise Salz
- 250 g Topfen oder Magerquark
- 2 EL Crème fraîche
- Schale von 1/2 unbehandelten Zitrone
- 50 g Mandelstifte
- 60 g Hartweizengrieß
- 3 Eiweiß
- 40 g Butterschmalz zum Braten
- 2 EL Puderzucker zum Bestäuben

1. Eigelb, Zucker und Salz schaumig rühren. Topfen, Crème fraîche, Zitronenschale, Mandeln und Grieß darunterrühren, 30 Minuten quellen lassen.
2. Den Backofen auf 220° C vorheizen.
3. Eiweiß steif schlagen und unter den Quark ziehen. 20 g Butterschmalz erhitzen, die Masse darin anbacken und im Backofen in 8 bis 10 Minuten fertigbacken.
4. Den Pfannkuchen in Stücke reißen. Restliches Schmalz dazugeben, mit Puderzucker bestäuben und karamelisieren lassen.

Pro Person:
Kalorien (kcal) 380
Eiweiß (g) 18
Fett (g) 20
Kohlenhydrate (g) 28

BAYERISCHER SEMMEL-KIRSCH-SCHMARRN

Für 4 Personen
Zubereitungszeit: 1 Stunde

- 2 altbackene Semmeln (Brötchen)
- 200 ml Milch
- 1 Prise Salz, 3 Eigelb
- 1 TL Vanillezucker
- Schale von 1/2 unbehandelten Zitrone
- 250 g Herzkirschen
- 2 Eiweiß
- 25 g gehackte Pistazien
- 40 g Butterschmalz
- 2 EL Puderzucker zum Bestäuben

1. Semmeln in dünne Scheiben schneiden. Milch, Salz, Eigelb, Vanillezucker und Zitronenschale verrühren und über die Semmeln gießen. 20 Minuten durchziehen lassen.
2. Den Backofen auf 220° C vorheizen.
3. Kirschen entkernen, Eiweiß steif schlagen und mit den Pistazien unter die Semmelmasse ziehen.
4. 20 g Butterschmalz erhitzen, Masse darin anbacken und im Backofen in 8 bis 10 Minuten fertigbacken.
5. Den Pfannkuchen in Stücke reißen. Restliches Schmalz dazugeben, mit Puderzucker bestäuben und karamelisieren lassen.

Pro Person:
Kalorien (kcal) 328
Eiweiß (g) 10
Fett (g) 18
Kohlenhydrate (g) 29

SCHAUMOMELETT MIT HIMBEEREN

Streng genommen sind Schaumomeletts luftige Pfannkuchen, die eigentlich kein Gramm Mehl enthalten dürfen. In bürgerlichen Haushalten früher zum »Sattessen« gedacht, hat das schaumige zarte Dessert heute seinen Weg in die Haute Cuisine geschafft.

Für 2 Personen
Zubereitungszeit: 15 Minuten

Für die Füllung:
200 g Himbeeren
1 EL Puderzucker
2 cl Orangenlikör

Für die Omeletts:
3 Eiweiß
40 g Zucker
2 Eigelb
1 Msp Vanillemark
abgeriebene Schale von
1/2 unbehandelten Orange
10 g Mehl
40 g Butter
Puderzucker zum Bestäuben

1. Die Himbeeren von den Stielen zupfen, mit Puderzucker bestäuben, Likör beträufeln und zugedeckt einige Minuten marinieren.
2. Eiweiß steif schlagen, dabei nach und nach die Hälfte des Zuckers einrieseln lassen.
3. Eigelb, restlichen Zucker, Vanillemark und die Orangenschale mit einem Schneebesen leicht schaumig rühren.
4. Eischnee auf die Schaummasse häufen und das Mehl darübersieben. Mit einem Teigspachtel alles locker miteinander vermischen.
5. In zwei Pfannen von 16 cm Durchmesser je 20 g Butter zerlassen. Die Omelettmasse in den Pfannen verteilen, die Oberfläche mit dem Löffelrücken glattstreichen.
6. Die Omeletts zugedeckt bei schwacher Hitze 6 bis 8 Minuten backen, dabei die Pfanne gelegentlich leicht rütteln, damit die Omeletts nicht anbrennen.
7. Omeletts auf vorgewärmte Teller gleiten lassen. Sofort mit den Himbeeren füllen, auf die Hälfte zusammenklappen, mit Puderzucker bestäuben und servieren!

Pro Person:
Kalorien (kcal) 440
Eiweiß (g) 11
Fett (g) 23
Kohlenhydrate (g) 38

Hier einige Anregungen, die Omeletts mal anders zu füllen:

- Statt den Himbeeren mit Erdbeeren marinieren, am besten schmecken natürlich frische Walderdbeeren!
- Eine Konfitüre oder Marmelade mit etwas Alkohol abschmecken und die Omeletts damit füllen.
- Schokolade schmelzen und über den Omeletts verteilen.
- Kompottfrüchte abtropfen lassen, nach Belieben abschmecken und die Omeletts damit füllen.

APFELPFANNKUCHEN

Ob Pfannkuchen, Palatschinken, Crêpes oder pancake – sie sind eine der ältesten Süßspeisen, die europaweit nicht nur Kinderherzen erfreuen. Wahrscheinlich wurden sie irgendwann eher zufällig von einer Bäuerin erfunden, denn Mehl, Eier, Milch und frische Früchte waren auf jedem Hof immer vorrätig. In England heißt der Faschingsdienstag sogar Pancake-Tuesday, und an diesem Tag ist Pfannkuchenessen fast schon Pflicht!

Für 2 Personen
Zubereitungszeit: 20 Minuten
Ruhezeit: 30 Minuten

60 g Mehl
1 Prise Salz
100 ml Milch
2 Eier
1 EL Zucker
2 kleine aromatische Äpfel,
z. B. Cox Orange
40 g Butter
2 EL Zucker
1 Msp gemahlener Zimt

1. Mehl und Salz in eine Schüssel geben und unter Rühren Milch, Eier und Zucker dazugeben. So lange rühren, bis ein glatter Teig entstanden ist. Den Teig 30 Minuten ruhen lassen, damit das Mehl ausquellen kann.
2. Die Äpfel schälen und mit einem Fruchtentkerner die Kerngehäuse ausstechen. Die Äpfel quer in etwa 1 cm dicke Scheiben schneiden.
3. In zwei Pfannen je 20 g Butter erhitzen und jeweils die Scheiben von einem Apfel bei mittlerer Hitze anbraten.
4. Zucker und Zimt vermischen und mit der Hälfte davon die Äpfel bestreuen. Leicht karamelisieren lassen, dann den Teig in den beiden Pfannen verteilen und die Pfannkuchen goldbraun backen.
5. Jeden Pfannkuchen mit Hilfe eines Tellers oder Deckels, der die Größe der Pfanne hat, wenden. Dazu den Teller über den Pfannkuchen legen und mitsamt der Pfanne wenden. Den Pfannkuchen mit der gebackenen Seite nach oben vom Teller in die Pfanne gleiten lassen und auch die zweite Seite goldbraun backen.
6. Mit restlichem Zimtzucker bestreuen und servieren.

Pro Person:
Kalorien (kcal) 500
Eiweiß (g) 12
Fett (g) 25
Kohlenhydrate (g) 52

- Für Heidelbeer- oder Kirschpfannkuchen den Teig in die Pfanne gießen, kurz anbacken lassen und pro Pfanne 60 bis 80 g Früchte darauf verteilen. Wie beschrieben fertigbacken.
- Trennt man die Eier und zieht den Eischnee erst vor dem Backen unter den Teig, werden die Pfannkuchen besonders locker.
- Einen kernigen Geschmack bekommen Pfannkuchen, wenn man die Hälfte des Mehls durch Haferflocken ersetzt.
- In Österreich heißen Pfannkuchen Palatschinken. Man ersetzt bei der Zubereitung die Hälfte der Milch meist durch Sahne!

BÖHMISCHE LIWANZEN

Nirgendwo auf der Welt gibt es so viele verschiedene Mehlspeisen wie in Böhmen. Fast alle süßen Klassiker, wie Strudel, Buchteln, Kolatschen oder auch Liwanzen, stammen aus der Küche dieses Landes. Liwanzen sind kleine, mit Hefe zubereitete Pfannkuchen, die mit Powidl serviert werden. Nach dem Originalrezept werden sie in einer speziellen Pfanne mit runden Vertiefungen gebacken.

Für 4 Personen
Zubereitungszeit: 25 Minuten
Ruhezeit: 45 Minuten

Für die Liwanzen:
10 g Hefe
150 ml lauwarme Milch
1 EL Zucker
100 g Mehl
1 Prise Salz
Schale von 1/2 unbehandelten Zitrone
1 kleines Ei
flüssige Butter zum Braten
Außerdem:
2 EL Zucker
gemahlener Zimt nach Geschmack
3 bis 4 EL Powidl (Pflaumenmus aus Dörrpflaumen)
oder eine andere würzige Konfitüre (z. B. Preiselbeer- oder schwarze Johannisbeerkonfitüre)

1. Hefe in die Milch bröckeln, 1 Prise Zucker dazugeben und mit etwas Mehl verrühren. Mit einem Tuch bedeckt 15 Minuten an einem warmen Ort gehen lassen.
2. Restlichen Zucker und Mehl sowie Salz, Zitronenschale und Ei hinzufügen und alles zu einem glatten, dickflüssigen Hefeteig verrühren. Zugedeckt 30 Minuten gehen lassen.
3. Die Liwanzenpfanne mit flüssiger Butter ausstreichen. Mit einem Eßlöffel den Teig in die Vertiefungen geben, mit dem Löffelrücken die Oberfläche glattstreichen. Auf jeder Seite in 2 bis 3 Minuten goldbraun braten.
4. Zucker und Zimt in einem tiefen Teller vermischen und die Liwanzen darin wenden. Mit Powidl oder Konfitüre servieren.

Pro Person:
Kalorien (kcal) 130
Eiweiß (g) 4
Fett (g) 4
Kohlenhydrate (g) 18

• Wer keine Liwanzenpfanne besitzt, verwendet eine Spiegeleierpfanne. Notfalls kann man den Teig auch mit einem Eßlöffel in eine normale Pfanne geben und mit dem Löffelrücken in Form bringen. Sie sind dann zwar nicht ganz gleichmäßig rund, schmecken aber genauso fein.
• Milch erhitzen, mit Butter und Vanille abschmecken und die gebackenen Liwanzen eintauchen. So werden sie besonders saftig! Dazu wird ebenfalls Powidl gereicht.

GRIESSHERZEN MIT APRIKOSENRAGOUT

Raffiniert zubereitet, wird aus einem einfachen Grießbrei ein verlockendes Dessert, das groß und klein begeistert! Es erinnert ein wenig an Grießgnocchis oder Polenta, stammt aber keineswegs aus Italien. Es ist die Abwandlung einer deutschen Mehlspeise.

Für 6 Personen
Zubereitungszeit: 35 Minuten
Kühlzeit: 1 Stunde

Für die Grießherzen:
1 Vanilleschote
abgeriebene Schale von 1/2 unbehandelten Zitrone
1/2 l Milch
80 g Hartweizengrieß
2 Eigelb
1 Ei, 2 EL Sahne
etwa 40 g Zwiebackbrösel
40 g gemahlene Mandeln
40 g Butter zum Braten

Für das Aprikosenragout:
500 g vollreife Aprikosen
1/4 l Weißwein, halbtrocken
1 Stück unbehandelte Zitronenschale
1 Bittermandel, 40 g Zucker
2 cl Aprikosenlikör

Außerdem:
einige Minzeblätter

1. Vanilleschote aufschneiden und mit der Zitronenschale in der Milch erhitzen. Vanillemark aus der Schote schaben, die Milch zum Kochen bringen. Den Grieß einrühren, kurz aufkochen lassen. Von der Kochstelle nehmen und die Eigelb darunterrühren.
2. Eine Platte mit kaltem Wasser abspülen, die Grießmasse 1 cm dick daraufstreichen und auskühlen lassen.
3. Die Aprikosen halbieren und entsteinen. Wein, Zitronenschale, Bittermandel und Zucker einige Minuten kochen lassen. Aprikosen dazugeben und in wenigen Minuten weich kochen.
4. Mit einem Schaumlöffel aus dem Topf heben und den Sud um die Hälfte einkochen lassen. Mit Aprikosenlikör abschmecken, die Früchte wieder dazugeben und kalt stellen.
5. Mit einem Ausstecher 6 Herzen aus der Grießmasse ausstechen. Ei mit der Sahne in einem tiefen Teller verquirlen. In einem zweiten Teller die Zwiebackbrösel mit Mandeln vermischen.
6. Grießherzen erst in dem Ei, dann in den Bröseln wenden, die Panade gut festdrücken.
7. Butter in einer Pfanne erhitzen. Die Herzen darin bei mittlerer Hitze pro Seite in 2 bis 3 Minuten goldbraun braten.
8. Die Herzen auf Tellern mit Aprikosenragout anrichten und mit Minzeblättern verzieren!

Pro Person:
Kalorien (kcal) 370
Eiweiß (g) 9
Fett (g) 17
Kohlenhydrate (g) 36

ANANASBEIGNETS

Außen goldbraun und knusprig, innen saftig und weich: So müssen Beignets sein. Fast jede Frucht eignet sich, umhüllt von einem Teig, zum Ausbacken – selbst Holunderblüten oder Salbeiblätter. Ein wahrer Hochgenuß sind die mit einem zarten Teigmantel umhüllten frischen Ananasscheiben.

Für 4 Personen
Zubereitungszeit: 25 Minuten
Ruhezeit: 20 Minuten

1 frische Ananas (etwa 800 g)
Für den Teig:
120 g Mehl
1 Prise Salz
50 g Zucker
2 Eigelb
knapp 1/8 l Milch
4 cl Portwein
2 Eiweiß
Außerdem:
Fett zum Ausbacken
3 EL Zucker
gemahlener Zimt nach Geschmack

1. Von der Ananas Stielansatz und Blattkrone abschneiden und die Frucht dick schälen. Fruchtfleisch in 8 Scheiben schneiden und das harte Mittelstück ausstechen.
2. Mehl, Salz, Zucker und Eigelb in eine Schüssel geben. Mit Milch und Portwein zu einem glatten Teig verrühren und etwa 20 Minuten ruhen lassen.
3. Eiweiß steif schlagen und locker unter den Teig ziehen.
4. Das Fett in einer Friteuse oder in einer tiefen Pfanne auf 180° C erhitzen. Die Ananasscheiben im Teig wenden und portionsweise im heißen Fett ausbacken.
5. Die Beignets mit einem Schaumlöffel aus dem Fett heben und auf einem dick zusammengefalteten Küchenpapier abtropfen lassen. In den vorgewärmten Backofen legen, bis alle Ananasbeignets gebacken sind.
6. Zucker und Zimt in einem großen Teller vermischen, die Beignets darin wenden. Mit Vanilleeis servieren!

Pro Person:
Kalorien (kcal) 505
Eiweiß (g) 11
Fett (g) 12
Kohlenhydrate (g) 84

• Auf die gleiche Weise bereitet man auch Apfelkücherl zu! Den Teig jedoch mit Cidre und Calvados anrühren.
• Rührt man den Teig mit Bier an, wird die Umhüllung sehr locker und weich. Mit Wein oder Apfelwein zubereitet, wird das Gebäck hingegen knusprig.
• Sehr aromatisch schmeckt der Teig, wenn man 10 g Hefe unter den Teig mischt. Dann unbedingt 30 Minuten gehen lassen.
• Niemals zu viele Beignets auf einmal ausbacken! Das Fett kühlt sonst zu stark ab, und der Teig saugt sich damit voll.

Ananas vorbereiten
Von der Ananas Stielansatz und Blattkrone abschneiden. Auf eine Schnittfläche stellen und die Schale rundherum dick abschneiden. Das Fruchtfleisch in Scheiben schneiden, mit einem Ausstecher die harten Mittelstücke ausstechen.

Teig vorbereiten
Mehl, Salz, Zucker und Eigelb in eine Schüssel geben und unter Rühren Portwein und Milch dazugießen. Zum Schluß Eiweiß steif schlagen und unter die Masse ziehen.

Teig-Variationen
Man kann den Teig – je nach der auszubackenden Frucht – mit Wein, Bier, Mineralwasser, Cidre, Fruchtsaft oder Sahne anrühren. Zum Abschmecken am besten einen zur Frucht passenden Likör oder Schnaps wählen.

Beignets ausbacken
Reichlich Fett auf 180° C erhitzen. Falls kein Thermostat vorhanden ist, die Temperatur mit dem Holzkochlöffel testen: den Löffel in das Fett halten. Bilden sich Bläschen um den Stiel, ist das Fett ideal! Früchte im Teig wenden und portionsweise ausbacken.

Beignets fertigstellen
Die Beignets mit einem Schaumlöffel aus dem Fett heben. Gut abtropfen lassen und auf dick zusammengefaltetes Küchenpapier legen, damit das überschüssige Fett aufgesogen wird. Danach in Zimtzucker wenden.

SÜSSES AUS DEM KOCHTOPF

Ob bayerische Zwetschgenknödel oder sächsischer Hirsepudding, böhmische Powidltascherl oder englischer Plumpudding – eines haben all diese Desserts gemeinsam: Sie werden im Wasser oder Wasserbad gegart.

ZWETSCHGENKNÖDEL

Sind Zwetschgenknödel eine böhmische oder österreichische Spezialität? Werden sie mit Kartoffel-, Brand- oder Quarkteig zubereitet? Das sind Fragen, die vermutlich immer umstritten bleiben. Damit Sie Ihre ganz persönliche Lieblingsversion leichter finden – hier die Grundrezepte für alle drei Teigarten.

Für 4 Personen
Zubereitungszeit: je nach Teigart 25 bis 40 Minuten

8 große Zwetschgen
8 Würfelzucker oder geschälte Mandeln
Für den Kartoffelteig:
600 g gekochte mehligkochende Kartoffeln
1 Prise Salz, 1 Msp Vanillemark
60 g Mehl, 60 g Grieß
40 g Butter, 1 Eigelb
Für den Quarkteig:
250 g Topfen oder Magerquark
1 Prise Salz, 30 g Zucker
1 Msp Vanillemark, 2 Eigelb
50 g Zwiebackbrösel, 30 g Mehl
Für den Brandteig:
1 Prise Salz, 100 g Butter
150 g Mehl
4 Eier
Außerdem:
60 g Butter, 80 g Paniermehl
1/2 TL Zimt, 2 EL Zucker

1. Die Zwetschgen entsteinen und die Steine entweder durch Würfelzucker oder Mandeln ersetzen.
2. Für den Kartoffelteig die Kartoffeln schälen, noch heiß durch eine Kartoffelpresse auf die Arbeitsplatte drücken und etwas abkühlen lassen. Mit Salz, Vanillemark, Mehl und Grieß vermischen und in die Mitte ein Mulde drücken. Die Butter in Flöckchen schneiden und mit dem Eigelb in die Mulde geben. Rasch mit bemehlten Händen zu einem glatten Teig verkneten.
Für den Quarkteig den Topfen mit Salz, Zucker, Vanillemark und Eigelb verrühren und nach und nach die Zwiebackbrösel und das Mehl darunterrühren.
Für den Brandteig 1/4 l Wasser mit Salz und der Butter zum Kochen bringen. Das Mehl auf einmal dazugeben und unter Rühren mit einem Kochlöffel so lange abbrennen, bis sich ein Kloß bildet und auf dem Topfboden eine weiße Schicht entstanden ist. Den Teig in eine Schüssel geben und nach und nach die Eier darunterrühren. Der Teig muß glatt und glänzend sein.
3. Den Teig in 8 gleich große Stücke teilen. Jeweils eine Zwetschge mit Teig umhüllen und zu einem Knödel formen.
4. In einem großen Topf reichlich Salzwasser zum Kochen bringen und die Knödel darin etwa 10 bis 12 Minuten bei sanfter Hitze ziehen lassen. Die Knödel müssen so viel Platz haben, daß sie sich im Wasser drehen können.
5. Die Butter in einer Pfanne zerlassen. Paniermehl, Zimt und Zucker dazugeben und bei mittlerer Hitze goldbraun rösten. Falls die Mischung zu trocken ist, noch etwas Butter hinzufügen.
6. Knödel mit einem Schaumlöffel aus dem Wasser heben, gut abtropfen lassen und in der Bröselmischung wenden. Sofort servieren!

Pro Person (Kartoffel-/Quark-/Brandteig):
Kalorien (kcal) 600/387/613
Eiweiß (g) 9/14/13
Fett (g) 23/17/40
Kohlenhydrate (g) 86/42/45

Kartoffelteig
Heiße Kartoffeln durch eine Presse drücken. Abgekühlt mit Salz, Vanillemark, Mehl und Grieß vermischen. Eigelb und Butterflöckchen in die Mitte geben und rasch mit bemehlten Händen zu einem glatten Teig verkneten.

Quarkteig
Topfen oder Magerquark mit Salz, Zucker und Eigelb verrühren. Nach und nach die Brösel und das Mehl darunterrühren.

Brandteig
Wasser, Salz und Butter zum Kochen bringen. Das Mehl auf einmal dazugeben und unter Rühren zu einem Kloß abbrennen. Die Eier nach und nach darunterrühren. Der Teig muß glatt und glänzend sein.

Knödel garen
Knödel in reichlich kochendes Salzwasser geben und bei schwacher Hitze etwa 10 bis 12 Minuten ziehen lassen. Das Wasser darf keinesfalls kochen, notfalls etwas kaltes Wasser dazugießen. Knödel mit einem Schaumlöffel aus dem Wasser heben.

Butterbrösel
Butter in einer großen Pfanne zerlassen, nicht bräunen. Paniermehl, Zimt und Zucker dazugeben und bei mittlerer Hitze goldgelb rösten. Falls die Brösel zu trocken sind, noch ein wenig Butter dazugeben.

TOPFENKNÖDEL MIT PRALINENFÜLLUNG

Für 4 Personen
Zubereitungszeit: 20 Minuten

Für den Teig:
250 g Topfen oder Magerquark
30 g Zucker
abgeriebene Schale von
1/2 unbehandelten Zitrone
2 Eigelb
50 g frisch geriebenes
Weißbrot
Außerdem:
8 Pralinen mit Weinbrand-kirschen, z. B. Mon Chéri
50 g Butter
60 g Paniermehl
gemahlener Zimt nach
Geschmack

1. Topfen, Zucker, Zitronenschale und Eigelb verrühren. Das Weißbrot hinzufügen und alles zu einem formbaren Teig verarbeiten.
2. Je eine Praline mit Teig umhüllen, zu Knödeln formen und in leicht siedendem Salzwasser etwa 5 bis 6 Minuten garziehen lassen.
3. Butter zerlassen, Paniermehl und Zimt darin goldbraun rösten.
4. Knödel abtropfen lassen, auf Tellern anrichten und mit den Bröseln bestreuen.

Pro Person:
Kalorien (kcal) 350
Eiweiß (g) 14
Fett (g)16
Kohlenhydrate (g) 33

TOPFENNOCKERL MIT SONNENBLUMENKERNEN

Für 4 Personen
Zubereitungszeit: 20 Minuten

Für den Teig:
30 g Sonnenblumenkerne
500 g Topfen oder Magerquark
2 Eigelb
2 EL flüssige Butter
abgeriebene Schale von
1/2 unbehandelten Orange
50 g Zucker
60 g Biskuit- oder
Zwiebackbrösel
Außerdem:
50 g Butter
gemahlener Zimt nach
Geschmack
2 EL Zucker

1. Die Sonnenblumenkerne in einer Pfanne trocken rösten, abkühlen lassen und fein mahlen.
2. Topfen mit den Sonnenblumenkernen und den restlichen Zutaten zu einem Teig verarbeiten.
3. Mit zwei Eßlöffeln von dem Teig Nocken abstechen und in leicht siedendem Salzwasser etwa 8 bis 10 Minuten garziehen lassen.
4. Die Butter zerlassen. Die Nocken abtropfen lassen, mit der Butter begießen und dem Zimtzucker bestreuen.

Pro Person:
Kalorien (kcal) 428
Eiweiß (g) 23
Fett (g) 20
Kohlenhydrate (g) 37

DATTELKLÖSSCHEN

Für 4 Personen
Zubereitungszeit: 30 Minuten

Für den Teig:
600 g gekochte mehligkochende Kartoffeln
1 Prise Salz
60 g Speisestärke, z. B. Mondamin
etwas frisch geriebene Muskatnuß
2 Eigelb
Außerdem:
8 frische Datteln
8 geschälte Mandeln
40 g Butter
25 g gehackte Pistazien
1 EL Zucker

1. Kartoffeln durch eine Presse drücken, abkühlen lassen und mit den restlichen Zutaten zu einem glatten Teig verkneten.
2. Datteln häuten, entkernen und die Kerne durch Mandeln ersetzen. Mit Kartoffelteig umhüllen und in leicht siedendem Salzwasser etwa 8 bis 10 Minuten garziehen lassen.
3. Butter zerlassen, Pistazien und Zucker darin anrösten. Knödel abtropfen lassen, die Pistazien darüber verteilen. Mit einer Weinschaumsauce (siehe Seite 132) servieren.

Pro Person:
Kalorien (kcal) 415
Eiweiß (g) 8
Fett (g) 21
Kohlenhydrate (g) 48

POWIDLTASCHERL

Für 4 Personen
Zubereitungszeit: 30 Minuten

Für den Teig:
600 g gekochte mehligkochende Kartoffeln
1 Prise Salz
1 Msp Vanillemark
60 g Mehl
60 g Grieß
1 Eigelb
40 g Butter
Außerdem:
etwa 150 g Powidl (Pflaumenmus aus Dörrpflaumen)
etwas gemahlener Zimt
60 g Butter
80 g Paniermehl
Puderzucker zum Bestäuben

1. Kartoffeln durch eine Presse drücken, abkühlen lassen und mit den restlichen Zutaten zu einem glatten Teig verkneten.
2. Den Teig etwa 3 mm dick ausrollen und Kreise (Durchmesser 8 cm) ausstechen.
3. Powidl mit Zimt verrühren und jeweils 1 TL davon in die Mitte der Teigkreise geben. Die Kreise zusammenklappen, Ränder gut festdrücken und die Tascherl in leicht siedendem Salzwasser etwa 8 bis 10 Minuten garziehen lassen.
4. Die Tascherl abtropfen lassen. Butter zerlassen, Paniermehl darin anrösten und die Tascherl darin wenden. Mit Puderzucker bestäuben.

Pro Person:
Kalorien (kcal) 570
Eiweiß (g) 9
Fett (g) 23
Kohlenhydrate (g) 79

MOHR IM HEMD

Diese beliebte Speise aus Österreich (dort wird sie kurz »Koch« genannt) wird bei sanfter Hitze in einer geschlossenen Form im Wasserbad gegart. Der Vorteil eines gekochten Puddings: Durch die geschlossene Form und die sanfte Garweise bleiben alle Aromen besonders gut erhalten.

Für 6 Personen
Zubereitungszeit:
1 Stunde 20 Minuten

Für den Teig:
100 g Mokkaschokolade
80 g Haselnüsse
50 g zimmerwarme Butter
50 g Zucker
5 Eigelb
1 EL Kakaopulver, stark entölt
1 EL Instant-Kaffeepulver
abgeriebene Schale von
1/2 unbehandelten Orange
2 cl Orangenlikör
5 Eiweiß
20 g Paniermehl
Außerdem:
Butter und Paniermehl für
die Form
200 ml Sahne

1. Die Schokolade hacken und über einem heißen Wasserbad schmelzen. Die Haselnüsse im heißen Backofen 15 bis 20 Minuten rösten, die Schale abreiben und die Nüsse fein mahlen.
2. Butter und Zucker cremig rühren und nach und nach Eigelb, Schokolade, Kakao- und Kaffeepulver, Orangenschale und Likör hinzufügen.
3. Eiweiß steif schlagen, auf die Schaummasse häufen und vorsichtig mit den Nüssen und dem Paniermehl mit einem Teigspachtel darunterheben.
4. Eine Kochpuddingform und den Deckel gut einfetten und mit Paniermehl ausstreuen. Die Masse bis etwa 4 cm unter den Rand einfüllen. Die Form gut verschließen, den Pudding im Wasserbad etwa 1 Stunde bei schwacher Hitze garen.
5. Aus dem Wasserbad nehmen und den Pudding vor dem Öffnen noch etwa 5 Minuten ruhen lassen. Dann auf einen Teller stürzen. Die Sahne steif schlagen und dazu reichen.

Pro Person:
Kalorien (kcal) 475
Eiweiß (g) 10
Fett (g) 36
Kohlenhydrate (g) 21

Form vorbereiten
Puddingform und Deckel sehr gut mit Butter ausfetten und Paniermehl oder Biskuitbrösel ausstreuen. Den Teig bis 4 cm unter den Rand in die Form füllen.

Pudding im Wasserbad garen
Einen Teller umdrehen, in einen hohen Kochtopf legen und zur Hälfte mit Wasser füllen. Die Form verschließen und hineinstellen. Topf verschließen und ein feuchtes Tuch darüberlegen.

Pudding stürzen
Die Form aus dem Wasser nehmen, den Pudding 5 Minuten ruhen lassen. Öffnen, einen Teller auf die Form legen, umdrehen und durch leichtes Rütteln den Pudding stürzen.

Sehr gut schmeckt der Mohr im Hemd auch, wenn man ihn mit Schokoladensauce (siehe Seite 135) serviert.

CHRISTSTOLLENPUDDING

Für 4 Personen
Zubereitungszeit:
1 Stunde 40 Minuten

- 120 g Christstollen
- 2 EL grobgehackte Walnüsse
- 1 EL Zitronat
- 1 EL Orangeat
- 2 Eigelb
- 1 TL Vanillezucker
- 30 g Zucker
- 1/8 l Milch
- 4 cl Grand Marnier
- 2 Eiweiß
- Fett und Paniermehl für die Form

1. Stollen in kleine Würfel schneiden und mit Nüssen, Zitronat und Orangeat in eine Schüssel geben.

2. Eigelb, Vanillezucker und Zucker schaumig schlagen, Milch und Likör darunterrühren und über die Stollenmischung geben. Etwa 15 Minuten einweichen, dann kurz durchrühren. Eiweiß steif schlagen und unter die Masse heben.

3. Form und Deckel vorbereiten und die Masse einfüllen (siehe Seite 126).

4. Die Form gut verschließen, den Pudding bei schwacher Hitze im Wasserbad 1 Stunde garen. Mit einem Sabayon (siehe Seite 133) servieren.

Pro Person:
Kalorien (kcal) 312
Eiweiß (g) 7
Fett (g) 15
Kohlenhydrate (g) 29

BISKUITPUDDING MIT BIRNEN

Für 4 Personen
Zubereitungszeit:
1 Stunde 40 Minuten

- 100 g Löffelbiskuit
- 50 g gehackte Pistazien
- 4 cl Birnengeist
- 200 g aromatische Birnen, z. B. Williams Christ
- 2 EL Zitronensaft, 2 Eigelb
- 30 g Zucker, 1 TL Vanillezucker
- etwas geriebene Ingwerwurzel
- 1/8 l Sahne, 2 Eiweiß
- Fett und Paniermehl für die Form

1. Löffelbiskuit in Stücke brechen, mit den Pistazien vermischen und mit Alkohol tränken.

2. Birnen schälen, vierteln, entkernen und in dünne Scheiben schneiden. Mit Zitronensaft beträufeln und unter den Biskuit mischen.

3. Eigelb, Zucker, Vanillezucker und Ingwer schaumig schlagen und die Sahne dazugießen. Die Masse über den Biskuit geben und 15 Minuten einweichen. Eiweiß steif schlagen und darunterziehen.

4. Form und Deckel vorbereiten und die Masse einfüllen (siehe Seite 126).

5. Die Form gut verschließen, den Pudding bei schwacher Hitze im Wasserbad 1 Stunde garen. Mit Schokoladensauce (siehe Seite 135) servieren.

Pro Person:
Kalorien (kcal) 415
Eiweiß (g) 10
Fett (g) 24
Kohlenhydrate (g) 31

PLUMPUDDING

Dieser englische Weihnachtspudding wird traditionell als krönender Abschluß bei jedem Christmasdinner serviert und das, obwohl er eigentlich mehr ein Gebäck als ein Dessert ist. Wegen seiner Üppigkeit kann man nur eine kleine Menge davon essen. Da er aber lange frisch bleibt, reicht man ihn auch gerne mit Sahne als saftigen Kuchen zu Tee oder Kaffee.

Für 8 bis 10 Personen
Zubereitungszeit: 30 Minuten
Garzeit: 6 bis 7 Stunden

Für den Teig:
100 g Kalbsnierentalg
100 g gemischte kandierte Früchte
100 g Rosinen
100 g Korinthen
50 g gehackte Mandeln
100 g Paniermehl
100 g brauner Zucker
2 Eier
3 EL Milch
4 cl Whisky
abgeriebene Schale von 1/2 unbehandelten Zitrone
1 Msp gemahlener Zimt
1 Msp frisch geriebene Muskatnuß
Außerdem:
Butter und Paniermehl für die Form
Rum zum Flambieren

1. Den Kalbsnierentalg von anhaftenden Häutchen befreien und gut gekühlt fein hacken.
2. Die kandierten Früchte in kleine Würfel schneiden und mit den Rosinen, Korinthen, Mandeln, Paniermehl, Zucker und dem Talg vermischen.
3. Eier, Milch und Whisky verrühren und mit Zitronenschale, Zimt und Muskat würzen. Die Masse mit allen restlichen Zutaten vermengen.
4. Kochpuddingform und Deckel gut ausfetten und mit dem Paniermehl ausstreuen. Die Masse fest in die Form drücken, gut verschließen und im Wasserbad bei schwacher Hitze 6 bis 7 Stunden garen.
5. Bis zum Servieren in der geschlossenen Form aufbewahren. Erst dann stürzen und eventuell mit Rum übergießen und flambieren und mit Marzipan weihnachtlich dekorieren.

Pro Person:
Kalorien (kcal) 320
Eiweiß (g) 5
Fett (g) 16
Kohlenhydrate (g) 35

• Der Pudding ist bereits nach 1 1/2 Stunden gar. Traditionell wird er aber wesentlich länger gegart, da sich so zum einen die unterschiedlichen Aromen besonders gut verbinden und zum anderen der Pudding dadurch konserviert wird! Er hält sich mehrere Wochen frisch.
• Am besten bereitet man den Plumpudding zu Beginn der Adventszeit zu und läßt ihn dann bis zum Weihnachtsfest durchziehen.

SÄCHSISCHER HIRSEPUDDING

Das Bundesland Sachsen ist für seine süßen Leckereien, wie etwa Dresdner Stollen, Baumkuchen, Eierschecke oder Quarkkeulchen, bekannt. Ebenfalls eine Spezialität ist der Hirsepudding, dessen Grundlage immer eine Béchamelmasse ist, die mit Hirsemehl zubereitet wird.

Für 4 Personen
Zubereitungszeit:
1 Stunde 10 Minuten

Für den Teig:
1/2 Vanilleschote
1/8 l Sahne
50 g Butter
80 g Hirsemehl, frisch gemahlen
4 Eiweiß
3 Eigelb
50 g geschälte feingemahlene Mandeln
50 g Zucker
Außerdem:
Fett und feingemahlene Mandeln für die Form

1. Vanilleschote aufschneiden und mit der Sahne erhitzen. Dann das Mark in die Sahne schaben, die Schote entfernen.
2. Butter in einer Kasserolle zerlassen und das Hirsemehl einrühren. Mit der Vanillesahne aufgießen und unter Rühren so lange kochen lassen, bis sich ein Kloß gebildet hat. Von der Kochstelle nehmen und sofort 1 Eiweiß darunterrühren.
3. Nach und nach die Eigelb und Mandeln unter die Masse rühren. Die restlichen Eiweiß steif schlagen, dabei den Zucker einrieseln lassen. So lange schlagen, bis die Masse schnittfest und glänzend ist. Den Eischnee mit einem Teigspachtel vorsichtig unter die Hirsemasse ziehen.
4. Eine Kochpuddingform und Deckel ausfetten und mit den Mandeln ausstreuen. Die Masse bis 4 cm unter den Rand einfüllen, die Form gut verschließen. Den Pudding im Wasserbad in etwa 50 Minuten bei schwacher Hitze garen.
5. Die Form aus dem Wasser nehmen, den Pudding einige Minuten ruhen lassen. Auf einen Teller stürzen und mit einer fruchtigen Sauce (siehe Seite 136/137) und Beerenfrüchten servieren.

Pro Person:
Kalorien (kcal) 480
Eiweiß (g) 12
Fett (g) 34
Kohlenhydrate (g) 27

- Man kann den Pudding auch mit Weizenmehl zubereiten, es reichen dann 50 g Mehl aus.
- Fein schmeckt der Pudding auch, wenn man etwa 50 g in Rum eingeweichte Rosinen oder getrocknete, in Würfel geschnittene Aprikosen unter den Teig mischt.
- Eine besonders feine Variante: die Mandeln durch Pistazien ersetzen.

SÜSSE SAUCEN

Von der locker aufgeschlagenen Weinschaumsauce bis zur klassischen Vanillesauce oder den herrlich erfrischenden Fruchtsaucen – süße Saucen sind das Tüpfelchen auf dem i.

WEINSCHAUMSAUCE

In fast jedem europäischen Land liebt man diesen zarten Schaum: Bei uns unter der Bezeichnung Weinschaumsauce, in Österreich als Weinchaudeau bekannt. In Italien ist es die Zabaione und in Frankreich das Sabayon. Die Zubereitung ist immer gleich, nur die hinzugefügte Flüssigkeit variiert. Meist wird ein landestypischer Wein oder Likör verwendet.

Für 4 Personen
Zubereitungszeit: 15 Minuten

2 Eigelb
1 Ei
100 g Zucker
200 ml trockener Weißwein,
z. B. ein Riesling von der Mosel

1. Eigelb, Ei und Zucker in einer Schlagschüssel aus Metall oder einer speziellen Wasserbadschüssel mit einem Schneebesen cremig rühren, nicht schaumig schlagen!

2. Schüssel in ein heißes Wasserbad setzen, den Wein dazugießen und die Sauce so lange mit dem Schneebesen schlagen, bis sie schaumig ist und sich das Volumen verdoppelt hat.

3. Die Sauce noch warm sofort zu einem vorbereiteten Dessert oder einer Mehlspeise reichen. Oder in einer Schüssel mit Eiswasser unter Rühren erkalten lassen und als eigenständiges Dessert servieren.

Pro Person:
Kalorien (kcal) 195
Eiweiß (g) 4
Fett (g) 5
Kohlenhydrate (g) 26

Wasserbad vorbereiten
Für das Wasserbad in einem weiten Topf etwa 1/2 l Wasser erhitzen. Die Schlagschüssel muß so in dem Topf hängen, daß der Boden die Wasseroberfläche nicht berührt.

Schaumig schlagen
Eigelb, Ei und Zucker cremig rühren, den Wein dazugießen. Über dem Wasserbad schaumig schlagen, bis sich das Volumen verdoppelt hat. Das Wasser darf nicht kochen!

Kaltrühren
Die Sauce entweder warm sofort servieren oder in einer Schüssel mit Eiswasser unter Rühren erkalten lassen, dann in Gläser füllen und als Dessert reichen.

• Je höher der Zuckeranteil, um so fester und stabiler wird die Sauce oder das Dessert!
• Verwenden Sie statt dem Weißwein auch einmal Sekt, Amaretto, Beerenauslesen, Rotwein, Cognac, Mokka oder Fruchtsäfte. Die Möglichkeiten sind unerschöpflich!

ZABAIONE

Für 4 Personen
Zubereitungszeit: 15 Minuten

- 4 Eigelb
- 100 g Puderzucker
- 100 ml Marsala
- etwas abgeriebene Schale von
- 1 unbehandelten Zitrone

1. Eigelb und Puderzucker in einer Schlagschüssel aus Metall cremig rühren.
2. Marsala und Zitronenschale dazugeben und über einem heißen Wasserbad so lange mit dem Schneebesen schlagen, bis die Masse dickschaumig ist und sich das Volumen verdoppelt hat.
3. In einer Schüssel mit Eiswasser unter Rühren erkalten lassen.
4. Zabaione in Schalen füllen und mit Amaretti servieren!

Pro Person:
Kalorien (kcal) 215
Eiweiß (g) 3
Fett (g) 6
Kohlenhydrate (g) 29

Sehr gut schmeckt die Zabaione auch, wenn man den Marsala durch Portwein ersetzt.

SHERRYSABAYON

Für 4 Personen
Zubereitungszeit: 15 Minuten

- 2 Eigelb
- 1 Ei
- 80 g Zucker
- 100 ml Cream Sherry

1. Eigelb, Ei und Zucker in einer Schlagschüssel aus Metall cremig rühren.
2. Sherry dazugießen und über einem heißen Wasserbad so lange mit einem Schneebesen schlagen, bis die Masse dickschaumig ist und sich das Volumen verdoppelt hat.
3. Sofort servieren oder in einer Schüssel mit Eiswasser unter Rühren erkalten lassen.

Pro Person:
Kalorien (kcal) 180
Eiweiß (g) 3
Fett (g) 5
Kohlenhydrate (g) 24

Das Sabayon schmeckt auch mit Fino Sherry oder einem trockenen Amontillado-Sherry zubereitet, dann allerdings die Zuckermenge um 20 g erhöhen!

VANILLESAUCE MIT SCHNEE-EIERN

Dies ist das klassische Rezept für eine echte Vanillesauce, das allerdings häufig mit der gleichnamigen gebundenen Sauce verwechselt wird! Mit Schnee-Eiern serviert werden daraus »schwimmende Inseln«, die als »Iles flottantes« zu den französischen Dessertklassikern zählen.

Für 4 Personen
Zubereitungszeit: 35 Minuten

Für die Sauce:
1 Vanilleschote
1/4 l Milch
1/8 l Sahne
3 Eigelb
100 g Zucker

Für die Schnee-Eier:
3 Eiweiß
50 g Zucker
abgeriebene Schale von
1/2 unbehandelten Zitrone
1 TL Zitronensaft

Für das Zuckergespinst:
50 g Zucker

1. Vanilleschote aufschneiden und mit Milch und Sahne in einem Topf erhitzen. Dann das Mark in die Flüssigkeit schaben, die Schote entfernen.
2. Eigelb und Zucker in einer Schlagschüssel aus Metall cremig rühren. Die heiße Sahnemilch dazugießen und über einem heißen Wasserbad so lange mit einem Schneebesen schlagen, bis die Masse dickschaumig ist.
3. Die Sauce in einer Schüssel mit Eiswasser unter Rühren erkalten lassen. Die Sauce in Teller gießen und kalt stellen.
4. In einem großen weiten Topf reichlich Wasser zum Kochen bringen.
5. Eiweiß steif schlagen und nach und nach Zucker, Zitronenschale und -saft dazugeben. So lange weiterschlagen, bis die Masse schnittfest und glänzend ist.
6. Mit zwei nassen Eßlöffeln Nocken abstechen und in das siedende Wasser setzen. Nach etwa 1 Minute vorsichtig wenden und auch die zweite Seite in knapp 1 Minute garziehen lassen.
7. Die Schnee-Eier mit einem Schaumlöffel aus dem Wasser heben und auf die Vanillesauce setzen.
8. Zucker und 1 EL Wasser in einer kleinen Pfanne goldbraun karamelisieren lassen. Die Pfanne sofort von der Herdplatte ziehen, damit der Karamel nicht weiterbräunt. Mit einem Löffel in den Karamel tauchen und Fäden über die Schnee-Eier ziehen.

Pro Person:
Kalorien (kcal) 410
Eiweiß (g) 8
Fett (g) 17
Kohlenhydrate (g) 54

• Anstelle der Vanilleschote 2 Zimtstangen oder die abgeriebene Schale von 1 unbehandelten Orange mitkochen.
• Wenn es schnell gehen soll oder weniger Eigelb verwendet werden sollen, bereiten Sie die Sauce aus 1/2 l Milch, dem Mark von 1 Vanilleschote und 40 g Zucker sowie 10 g Speisestärke, z. B. Mondamin, sowie 1 oder 2 Eigelb, wie im Grundrezept für die Konditorcreme auf Seite 41 beschrieben, zu.

SCHOKOLADENSAUCE

PUNSCHSAUCE

Schokoladensauce

Für 4 Personen
Zubereitungszeit: 15 Minuten

200 ml Milch
100 ml Sahne
50 g Zartbitterschokolade (oder Mokkaschokolade)
1 EL Kakao, schwach entölt
1 gestrichener TL Speisestärke, z. B. Mondamin
2 cl Kirschwasser (oder Mokkalikör)

1. Milch und Sahne zum Kochen bringen. Die Schokolade in Stücke brechen, mit dem Kakao in die Sahnemilch geben und unter Rühren darin schmelzen.
2. Die Speisestärke mit dem Kirschwasser anrühren und in die kochende Sahnemilch einlaufen lassen. Einmal aufkochen und unter gelegentlichem Rühren erkalten lassen.

Pro Person:
Kalorien (kcal) 200
Eiweiß (g) 4
Fett (g) 14
Kohlenhydrate (g) 11

Punschsauce

Für 4 Personen
Zubereitungszeit: 15 Minuten

300 ml gehaltvoller Rotwein
Schale von 1/2 unbehandelten Orange und Zitrone
1/2 Zimtstange
1 Gewürznelke
2 EL schwarzes Johannisbeergelee
1 gestrichener TL Speisestärke, z. B. Mondamin
2 cl Rum

1. 250 ml Rotwein mit den Zitrusschalen, den Gewürzen und dem Johannisbeergelee erhitzen und etwa 10 Minuten bei schwacher Hitze ziehen lassen.
2. Die Speisestärke mit dem restlichen Rotwein verrühren.
3. Den Rotweinsud durch ein Sieb gießen und erneut zum Kochen bringen. Mit der Speisestärke binden und einige Male aufkochen lassen. Mit Rum abschmecken.
4. Warm oder abgekühlt zu Soufflés oder einem Kochpudding servieren.

Pro Person:
Kalorien (kcal) 95
Eiweiß (g) 0
Fett (g) 0
Kohlenhydrate (g) 6

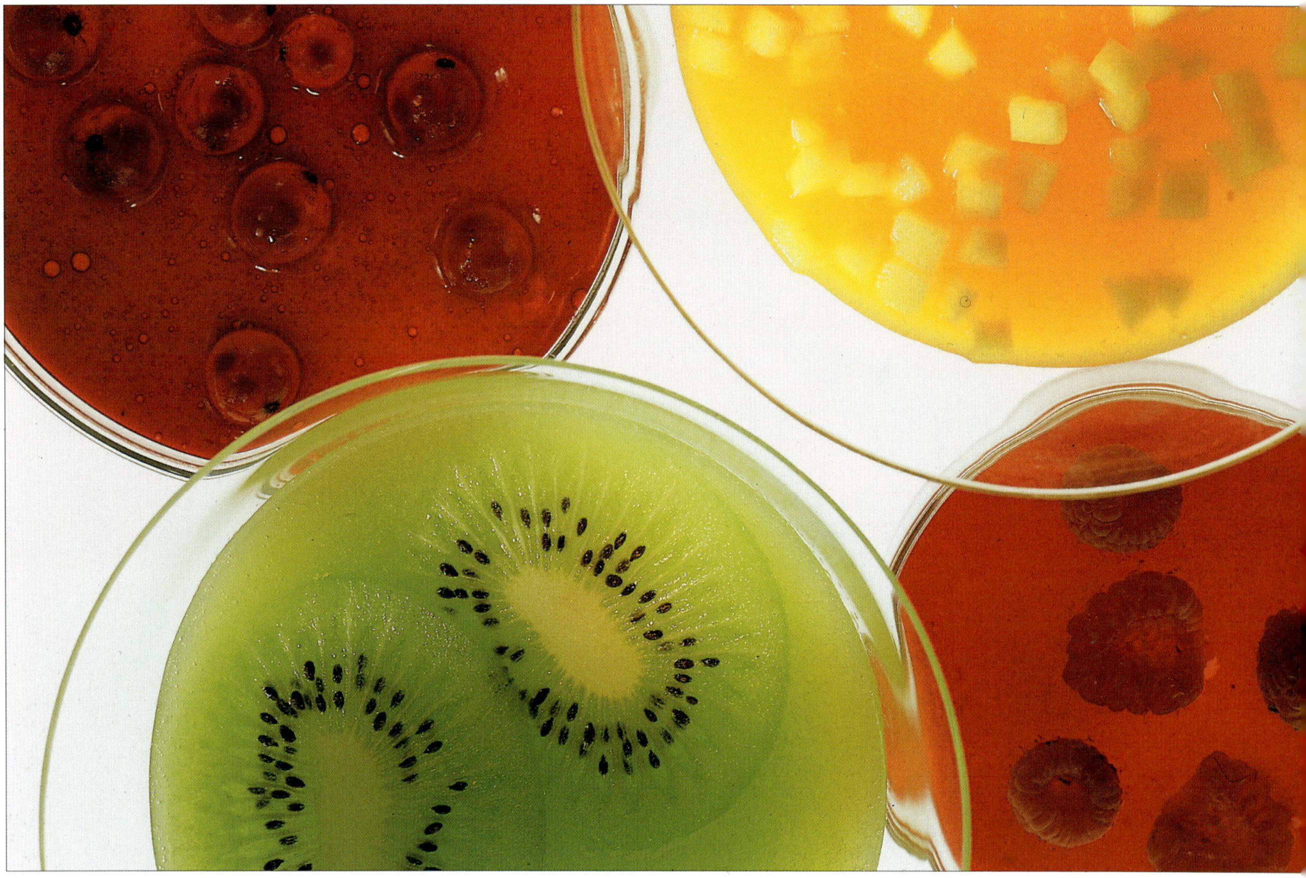

VARIATIONEN VON FRUCHTSAUCEN

Aus nahezu allen Früchten können Saucen zubereitet und durch Gewürze und Liköre beliebig variiert werden. Sie sind ideale Ergänzungen zu vielen Desserts! Kalte Saucen aus frischen vollreifen Früchten sind besonders einfach herzustellen. Einige Fruchtsorten werden allerdings durch Kochen noch aromatischer, wie zum Beispiel Holunder, Preiselbeeren, Orangen oder auch Zwetschgen. Für welche Zubereitungsart Sie sich auch entscheiden: Unbedingt vollreife Früchte verwenden! Sie verfügen nicht nur über mehr Aroma, sie benötigen auch weniger Zucker. Die nachfolgenden Rezepte sind für 4 bis 6 Personen.

1. Himbeersauce
50 g Zucker und 3 EL Wasser zum Kochen bringen. Die abgeriebene Schale von 1/2 unbehandelten Orange dazugeben und alles sirupartig einkochen. 250 g Himbeeren im Mixer pürieren und durch ein feines Sieb passieren. Das Fruchtmark mit 2 EL Orangenlikör unter den Sirup rühren.
• Auf die gleiche Weise können Sie auch eine Erdbeersauce zubereiten. Zum Schluß mit feingehackten Minzeblättern würzen.

2. Kiwi-Limetten-Sauce
50 g Zucker, 6 cl aromatischen Weißwein, z. B. einen Gewürztraminer, und die abgeriebene Schale von 1 Limette erhitzen und sirupartig einkochen.
3 Kiwis (etwa 250 g Fruchtfleisch) schälen, in Stücke schneiden und kurz im Mixer pürieren. Das Fruchtmark durch ein Sieb passieren. Die Limette auspressen und den Saft sowie das Fruchtpüree mit dem Sirup gründlich vermischen.

3. Mango-Pfirsich-Sauce
1 mittelgroße Mango schälen und das Fruchtfleisch in Spalten vom Kern lösen. 1 vollreifen Pfirsch kurz blanchieren, häuten und entsteinen. Das Fruchtfleisch der beiden Früchte mit 2 bis 3 EL Puderzucker (je nach Süße der Früchte) und dem Saft von 1 Zitrone und 1/2 Orange im Mixer pürieren. Mit 2 EL Orangenlikör abschmecken, 1 EL geriebene Pinienkerne darunterrühren.

4. Johannisbeersauce
200 g rote und 100 g schwarze Johannisbeeren von den Rispen streifen und mit 2 bis 3 EL Zucker (je nach Säuregrad der Früchte) bestreuen. Mit 2 cl Cassislikör begießen und etwa 20 Minuten marinieren, bis die Beeren Saft gezogen haben. Beeren kurz im Mixer pürieren und durch ein feines Sieb passieren. Mit 1 bis 2 TL Zitronensaft abschmecken. Diese Sauce schmeckt auch aus tiefgefrorenen Johannisbeeren. Man kann die Sauce auch sofort nach Ernte der Beeren in größeren Mengen zubereiten und portionsweise einfrieren. Den Likör dann erst nach dem Auftauen dazugeben.

5. Holundersauce
80 g Zucker und 4 EL Wasser sirupartig einkochen lassen. 250 g Holunderbeeren im Mixer pürieren und durch ein Sieb passieren. Das Fruchtmark mit 8 cl edelsüßem Wein, z. B. eine Beerenauslese, unter

den Sirup mischen und noch einige Minuten kochen lassen. Je nach Geschmack mit etwas Zitronensaft abrunden.

6. Aprikosensauce
250 g Aprikosen halbieren, entsteinen und in Stücke schneiden. Mit 1/8 l halbtrockenem Weißwein und 2 bis 3 EL Zucker zum Kochen bringen und zugedeckt in etwa 5 Minuten weich kochen. Die Früchte im Mixer pürieren, durch ein Sieb passieren und erneut erhitzen. 1/2 TL Speisestärke mit 2 EL Zitronensaft anrühren und die Fruchtsauce damit binden. Kurz aufkochen lassen und mit 2 cl Apriko̍t-Brandy abschmecken. Warm oder kalt zu Quarksoufflé, Sauerrahmgelee, aber auch zu vielen anderen Mehlspeisen reichen.

7. Orangen-Kumquat-Sauce
8 Kumquats waschen und in dünne Scheiben schneiden. 80 g Zucker in einer Kasserolle hellgelb karamelisieren lassen. Mit 200 ml frisch gepreßtem Orangensaft und 100 ml frisch gepreßtem Mandarinensaft aufgießen. Die Kumquats hinzufügen und alles sirupartig einkochen. Mit 1 EL Campari abschmecken. Kurz vor dem Servieren einige Zitronenmelisseblätter in feine Streifen schneiden und unter die Sauce mischen. Schmeckt warm und kalt!

8. Passionsfruchtsauce
5 Passionsfrüchte halbieren und das kernige Fruchtfleisch mit einem Löffel herauslösen. Im Mixer kurz pürieren und durch ein feines Sieb passieren. 8 Würfelzucker an der Schale einer unbehandelten Orange reiben, bis die Würfel rundherum gelb sind. Den Zucker in einer Kasserolle goldgelb karamelisieren lassen. Mit dem Passionsfruchtsaft und 100 ml frisch gepreßtem Orangensaft aufgießen und sirupartig einkochen lassen. Mit 2 cl Maracujalikör abschmecken und mit Zitronenmelisse aromatisieren. Heiß über Crêpes oder Vanilleeis gießen oder abgekühlt z. B. zu einer bayerischen Creme reichen. Statt den Saft sirupartig einzukochen, kann man ihn auch mit 1/2 TL kalt angerührter Speisestärke, z. B. Mondamin, binden.

9. Pflaumensauce
5 Kurpflaumen mit 4 cl Armagnac begießen und mindestens 30 Minuten marinieren. 200 g Zwetschgen halbieren, entsteinen und in Stücke schneiden. Mit 2 bis 3 EL Zucker (je nach Säuregehalt der Früchte) und 1/8 l gehaltvollem Rotwein in etwa 6 bis 8 Minuten weich kochen. Die gekochten Früchte mit den eingeweichten Pflaumen mitsamt Flüssigkeit im Mixer pürieren und das Fruchtmark durch ein Sieb passieren.

- Kalt zubereitete Fruchtsaucen am besten mit Zuckersirup süßen. Wenn es schnell gehen soll, können Sie auch Puderzucker nehmen.
- Fruchtsaucen vorsichtig mit Alkohol oder Gewürzen abschmecken, da das feine Fruchtaroma schnell übertönt werden kann!
- Die Fruchtauswahl immer von der Jahreszeit und dem jeweiligen Fruchtangebot abhängig machen.
- Die Zuckermenge richtet sich nach der Süße der Früchte. Die jeweilige Angabe ist nur eine Empfehlung.

KÜCHENLEXIKON

Abbrennen: Eine Masse (z. B. Brandteig) bei starker Hitze in einem Topf auf der Herdplatte mit dem Kochlöffel so lange rühren, bis sich ein glatter Kloß gebildet hat und auf dem Topfboden eine weiße Schicht entstanden ist.

Alchermes (ital.): Ein florentinischer Kräuterlikör, der bei uns nur schwer zu bekommen ist. Ersatzweise kann man sich eine ähnlich schmeckende Mischung aus 100 ml Maraschino, 6 cl Campari und 4 cl Amaretto mixen.

Amaretti (ital.): Makronen aus Mandelbaisermasse, die mehr getrocknet als gebacken wird.

Amaretto (ital.): Mandellikör, aus Aprikosenmandeln und etwa 20 natürlichen Zutaten zubereitet. Das Originalrezept entstand bereits im 16. Jahrhundert in Saronno.

Amontillado-Sherry: Weiterentwicklung des Fino-Sherrys, etwas dunkler und vollmundiger im Geschmack, bernsteinfarben, wird bei Zimmertemperatur getrunken.

Aprikotieren: Aprikosenmarmelade erhitzen, durch ein Sieb passieren und Gebäck damit bestreichen. Dadurch wird der Geschmack verbessert und der Glanz (z. B. von Glasuren) gesteigert.

Armagnac (frz.): Französischer Qualitätsbranntwein aus dem Armagnac-Gebiet, dem Herzstück der Gascogne im Südwesten Frankreichs; hervorragender feiner und milder Geschmack.

Backen: Garen und Bräunen in heißer Luft.

Baiser: Eiweiß wird sehr steif geschlagen und mit Zucker zu einer glänzenden festen Schaummasse verarbeitet. Die Baisermasse wird entweder unter andere Massen oder Teige gezogen oder bei geringer Temperatur im Ofen getrocknet.

Beignets: Früchte, getränkter Teig oder andere Massen werden durch einen Ausbackteig gezogen und in heißem Fett fritiert.

Bittermandeln: Steinfrüchte des Bittermandelbaumes. Die geschälten Kerne enthalten neben Traubenzucker und Bittermandelöl auch die giftige Blausäure und dürfen deshalb nur in sehr kleinen Mengen (unter 5%) verarbeitet werden.

Blanchieren: Lebensmittel kurz in Salzwasser kochen oder vor dem Weiterverarbeiten mit heißem Wasser übergießen, danach evtl. in kaltem Wasser abschrecken.

Blindbacken: Die vorbereitete Form mit dem Teig auskleiden, mit Backpapier belegen und getrocknete Hülsenfrüchte daraufstreuen. Dann wird der Teig gebacken. Er geht dabei nicht auf und kann nach dem Backen beliebig belegt oder bestrichen werden.

Braten: Garen und Bräunen in heißem Fett im offenen Topf.

Calvados (frz.): Französischer Apfelbranntwein aus der Normandie, wird manchmal doppelt gebrannt wie ein Cognac; er lagert 6 Jahre in Eichenfässern und entfaltet erst nach dieser Zeit der Reife seine volle Qualität. Alkoholgehalt 38 bis 50 Vol.%.

Cassis: Schwarze Johannisbeeren bzw. Likör oder Branntwein, der aus diesen Beeren hergestellt wird.

Cidre (frz.): Lieblicher oder herber Apfelwein aus der Bretagne oder Normandie mit etwa 5 Vol.% Alkohol; oftmals leicht moussierend. Gut gekühlt trinken!

Cognac (frz.): Qualitätsbranntwein aus Frankreich mit einem Mindestalkoholgehalt von 40 Vol.%; ausschließlich aus Weinen aus der Charente an der Atlantikküste; unterliegt strengen Vorschriften, wie dem Doppelbrenngang, einer Mindestlagerung von 3 1/2 Jahren in einer bestimmten Faßart.

Cointreau (frz.): Likör, dessen Grundlage eine Mischung aus Schalen von grünen Bitterorangen und Süßorangen ist, die in Alkohol ausgelaugt, destilliert, mit Zucker gesüßt und noch zahlreichen weiteren Behandlungen unterzogen werden.

Crème double (Doppelrahm): Dicke Sahne mit mindestens 40 % Fettanteil.

Crème fraîche: Dickflüssiger Sauerrahm mit 30 % Fettanteil; wird manchmal mit Joghurt vermischt, es werden auch Dickungsmittel zugesetzt.

Dämpfen: Garen im Wasserdampf in einem geschlossenen Topf mit besonderem Sieb- oder Gittereinsatz.

Denaturieren: Die in Lebensmitteln enthaltenen Eiweißstoffe verändern – meistens durch zu große Hitze – ihre Struktur und Eigenschaften, sie flocken aus bzw. gerinnen.

Doppelgriffiges Mehl: Dieses Mehl hat eine etwas körnigere Beschaffenheit als das häufig verwendete Weizenmehl Type 405. Es ist, entsprechend dem Ausmahlungsgrad der Getreidekörner, in seiner Feinheit zwischen Grieß und Mehl einzuordnen. Da dieses Mehl mehr Eiweiß enthält, macht es Teige elastischer und ist deswegen z. B. für Strudelteige besonders gut geeignet.

Dünsten: Garen in wenig Flüssigkeit, Fett oder im eigenen Saft bei geringer Temperatur.

Eiswasser: Sehr kaltes Wasser, das teilweise mit Eiswürfeln angereichert zum Kaltrühren von Massen im Wasserbad benötigt wird.

Exoten: Sammelbegriff für Gemüse und Früchte, die aus dem tropischen und subtropischen Raum stammen und bei uns angeboten werden.

Filetieren, auch filieren: Die Segmente von Zitrusfrüchten aus den Trennhäuten lösen. Auch: Filets aus Knochen und Gräten lösen.

Fino-Sherry: Spanischer trockener Sherry von heller Farbe mit leicht bitterem, sehr feinem Geschmack.

Flambieren: Ein hochprozentiger Alkohol wird löffelweise über Speisen gegossen und angezündet. Die Aromastoffe dringen dabei in die Speisen ein, der Alkohol verbrennt.

Fritieren: In 180° C heißem Fett schwimmend ausbacken bzw. bräunen.

Gelatine: Gelierstoff, der aus dem tierischen Eiweißstoff

Kollagen gewonnen und für die Zubereitung von Gelees und Cremes verwendet wird. Gelatine wird in Blatt- oder Pulverform angeboten.

Gewürznelken (auch Nelken): Rötlichbraune, kurz vor dem Aufblühen geerntete Blütenknospe des Gewürznelkenbaumes; intensiver, aromatisch scharfer Geschmack.

Glasieren: Gebäck und Torten werden mit einer Glasur aus Zucker, Schokolade u. a. oder auch Aprikosenmarmelade überzogen.

Grand Marnier (frz.): Likör, dessen Grundlagen – Cognac und die Curaçao-Orange – destilliert und nach einem bestimmten Verfahren gemischt werden. Grand Marnier wird in unterschiedlichen Geschmacksnuancen angeboten.

Grappa (ital.): Tresterbranntwein, gebrannt aus den bei der Kelterung anfallenden Rückständen.

Gratinieren: Überbacken bei starker Oberhitze, bis eine braune Kruste entstanden ist.

Grenadinesirup: Konzentrat aus dem Saft des Granatapfels und Zucker.

Grieß: Körnig gemahlenes Getreide, hauptsächlich Weizen. Hartweizengrieß (aus Durumweizen) wird durch den hohen Proteingehalt und die guten Klebeeigenschaften vor allem zur Herstellung von Teigwaren verwendet. Weichweizengrieß (aus dem Mehlkern gewonnen) benötigt man bei der Zubereitung von Flammeris, Cremes und Puddings.

Grillen: Garen mit oder ohne Fettzugabe durch Strahlungshitze oder Kontakthitze.

Ingwer: Wurzelstock einer Gewürzlilie, die hauptsächlich in Indien wächst. Sie wird frisch oder getrocknet angeboten. Ingwer ist reich an ätherischen Ölen und besitzt einen fruchtig-scharfen Geschmack.

Instant-Kaffeepulver: Schnelllösliches aromatisches Extrakt gerösteter Kaffeebohnen; durch Aufgießen mit heißem Wasser wird ein Kaffee-Getränk zubereitet.

Julienne: Feingeschnittenes streifenförmiges Obst oder Gemüse in Streichholzlänge. Von Zitrusfrüchten werden mit einem Julienneschneider feine Streifen von der Schale abgezogen.

Kakaopulver: Samenkerne des Kakaobaums werden fermentiert, geröstet und zu einem zähflüssigen Brei zermahlen. Nachdem die Kakaobutter entzogen ist, wird der Rest zu Pulver gemahlen. Schwach entöltes Pulver enthält einen Restanteil von 20 bis 24 % Butter, stark entöltes Pulver einen Restanteil von 10 bis 20 % Butter.

Kandieren: Früchte oder auch Fruchtschalen in einer konzentrierten Zuckerlösung tränken bzw. damit überziehen und trocknen lassen.

Karamelisieren: Bräunen und Schmelzen von Zuckerarten, z. B. Haushaltszucker oder Puderzucker, durch Erhitzen. Überziehen von Lebensmitteln mit Karamel, indem man sie in der Pfanne darin wendet.

Keimöl: Ein hochwertiges, geschmacksneutrales Keimöl wie z. B. Mazola hat einen hohen Gehalt an Pflanzenkeimwirkstoffen, insbesondere die mehrfach ungesättigte Linolsäure und Vitamin E. Es ist cholesterinfrei und gut bekömmlich. Um die wertvollen Inhaltsstoffe zu schützen,

wird Keimöl mit größter Sorgfalt gewonnen, d.h. aus den frischen Keimen des Korns gepreßt, schonend gereinigt und luftdicht in Glasflaschen abgefüllt. Wegen des neutralen Geschmacks ist Mazola Keimöl auch zum Braten, Ausbacken oder Fritieren geeignet.

Kochen: Garen in reichlich siedender Flüssigkeit.

Kokoscreme: Das geriebene Fleisch der Kokosnuß wird mit Milch oder Wasser vermischt und anschließend ausgepreßt. Der Extrakt, der dabei abfließt, wird entweder in Dosen abgefüllt oder zu einem Block gepreßt. Kokoscreme im Block wird bei Zimmertemperartur weich und muß nicht verdünnt werden.

Madeira: Likörwein der portugiesischen Insel Madeira; wird je nach Traubenart in 4 Arten unterteilt (mild bis sehr süß). Besonderheit: Der fertige Wein wird auf 45° C erhitzt; der Wein reift dadurch sehr schnell.

Maraschino (ital.): Kirschlikör von wasserheller Farbe und unverwechselbarem Duft. Der Likör hat neben einem zarten Aroma einen feurigen Geschmack, der auch leicht an Bittermandeln erinnert.

Marinieren: Lebensmittel, z. B. Früchte, in eine Marinade einlegen und darin ziehen lassen. Die Lebensmittel werden aromatisiert.

Marsala (ital.): Likörwein aus den Grillo- und Catarratto-Trauben; die Weine werden während des Gärens mit Alkohol angereichert, wodurch der Gärprozeß gestoppt wird und der Wein einen Großteil seines Restzuckers behält.

Marzipanrohmasse: Geschälte süße Mandeln werden fein zerkleinert und mit Zucker und einem geringen Zusatz von Bittermandeln geröstet.

Mascarpone (ital.): Sahne wird durch Zitronensäure zum Gerinnen gebracht. Es entsteht ein cremiger Doppelrahm-Frischkäse (60 % Fett i. Tr.), der geschmacklich und farblich an Milch erinnert. Mascarpone wird weniger als Käse pur gegessen als für Süßspeisen, Tortenfüllungen und für die Zubereitung pikanter Gerichte verwendet.

Mohn: Kleine schwarze Samen aus den Fruchtkapseln der Mohnpflanze, die ausgereift für Back- und Süßwaren verwendet werden. Die ölhaltigen Samen müssen z. B. für Füllungen in einer speziellen Mühle gemahlen werden. Mohnsamen werden auch unzerkleinert über Gebäck gestreut. Unreife Samen haben durch das darin enthaltene Opium eine narkotisierende Wirkung.

Noilly-Prat (frz.): Französischer Wermutwein; Aperitif.

Panieren: Verschiedenste Lebensmittel werden mit Mehl, Eigelb und Semmelbröseln, gemahlenen Mandeln, Kokosraspeln oder anderen Zutaten überzogen und in heißem Fett ausgebacken. Die Panade wird knusprig gebraten.

Passieren: Flüssigkeiten durch ein Sieb gießen, um unerwünschte Stoffe zurückzubehalten. Es werden auch Massen durch ein Sieb gestrichen, um eine besonders cremige Konsistenz zu erhalten.

Pinienkerne: Weiße stiftförmige Samenkerne (eßbare Ölsamen) des in den Mittelmeerländern heimischen Pinienbaumes; schmecken ähnlich wie Mandeln.

Pistazien: Steinfrüchte des Pistazienbaumes mit einem grünen Samenkern, der von einer Samenhaut umgeben ist. Meist werden die bereits geschälten Pistazienkerne angeboten.

Pochieren (Garziehen): Garen knapp unter dem Siedepunkt, besonders bei sensiblem Kochgut wie süßen Knödeln und zarten Früchten (z. B. Kirschen, Birnen, Pfirsiche).

Pumpernickel: Roggenschrotbrot, das in einer geschlossenen Form mindestens 16 Stunden in Dampf gebacken wird. Die enthaltene Stärke wandelt sich in Zucker um, das Brot wird besonders dunkel und erhält einen leicht süßlichen Geschmack.

Pürieren: Aus rohen oder gekochten Lebensmitteln durch Zerkleinerung mit einem Pürierstab oder in der Küchenmaschine ein Püree herstellen, das gegebenenfalls nochmals durch ein Sieb passiert wird.

Reduzieren: Einkochen, Verringern einer Flüssigkeitsmenge durch leichtes Kochenlassen.

Ricotta (ital.): Bei uns hauptsächlich als quarkähnlicher Frischkäse aus Vollmilch oder Schafsmilch bekannt; sehr gut für die Dessertküche geeignet. Gereifter, teilweise auch geräucherter Ricotta ist eine Spezialität verschiedener Gegenden Siziliens. Dieser wird hauptsächlich als Ersatz für Parmesankäse verwendet.

Ringform (auch Savarinform): Glatte Kranzform in den unterschiedlichsten Größen und Materialien, z. B. Aluminium oder kunststoffbeschichtet. Verleiht dem Savarin oder Baba seine typische Form.

Rum: Die Rohre des Zuckerrohrs werden entlaubt, zerkleinert und gepreßt. Die nach der Gewinnung von Zucker übriggebliebene zähflüssige Masse wird mit Wasser verdünnt und durch Zusatz von Hefekulturen zum Gären gebracht. Es entsteht eine trübe, alkoholische Flüssigkeit, die nach der Destillation einen farblosen Brannt ergibt. Durch die Lagerung über mehrere Jahre in Holzfässern erhält der Rum hauptsächlich die goldbraune Farbe und einen ausgereiften Geschmack. Wird der Brannt nach einer etwas kürzeren Gärzeit als bei braunem Rum in Stahlfässern gelagert, erhält man weißen Rum. Auf Trinkfähigkeit herabgesetztes Rumkonzentrat (40 bis 50 Vol.%) wird im Handel als Rumverschnitt angeboten. Echter Rum hat dagegen einen Alkoholgehalt von 73 bis 80 Vol.%.

Speisestärke: Feine Speisestärke, z. B. Mondamin, wird gerne in der Dessertküche verwendet, da die reine Maisstärke den besten Puddingeffekt erzielt. Sie ist der wichtigste und dabei auch geeignetste Rohstoff für Flammeris bzw. sturzfähige Puddinge, wird aber auch zum Binden von Süßspeisen und Fruchtsaucen und zum Backen verwendet. Beim Backen wird ein Teil des Mehls z. B. bei Rührteig, Biskuitteig, Sand- oder Mürbeteig durch Speisestärke ersetzt. Hierdurch erreicht man eine lockere und feinporige Krume, und der Kuchen wird zart und sandigmürb.

Sud: Kochflüssigkeit, die durch verschiedene Gewürze und andere Zutaten aromatisiert wird. Lebensmittel, z. B. Früchte, werden darin pochiert und erhalten dadurch ein entsprechendes Aroma.

Timbalförmchen: Portionsförmchen in konischer Form.

Wasserbad (Bain-marie): In einen Topf mit wenig siedendem Wasser wird ein zweiter Topf oder eine spezielle Metallschüssel gehängt oder gestellt, die nur durch den Dampf bzw. das heiße Wasser erhitzt wird; empfindliche Cremes und Saucen werden darin aufgeschlagen.

Zeste: Hauchdünn abgeschälte Schale von Zitrusfrüchten, in feine Streifen geschnitten (s. a.: Ziselieren, Julienne).

Ziselieren: Von Zitrusfrüchten werden mit einem Spezialmesser (Zestenreißer oder Julienneschneider) von der Schale feine Streifen abgezogen (s. a.: Julienne).

Zur Rose abziehen: Cremes, die mit Eigelb gebunden werden, müssen eine bestimmte Konsistenz erlangen. Das Eigelb wird unter ständigem Rühren bei geringer Hitze, meistens über einem heißen Wasserbad, unter die Flüssigkeit gerührt. Mit einem Holzlöffel in die Creme tauchen, herausziehen und auf den Löffelrücken blasen. Fließt die Creme in der Form einer Rose auseinander und erstarrt anschließend, ist die Konsistenz der Creme richtig.

ALPHABETISCHES REZEPTREGISTER

SACHREGISTER

Pete A. und Susi Eising betreiben seit 1979 gemeinsam ein Fotostudio in München. Seit vielen Jahren haben sie sich auf das Gebiet Essen und Trinken spezialisiert und zählen heute zu den führenden Foodfotografen Deutschlands.

Monika Kellermann ist Ernährungsberaterin und arbeitet seit Jahren als freie Foodjournalistin und Buchautorin. Sie verfaßte für die »Reihe mit dem Löffel« bereits die Bücher GEMÜSE, VORSPEISEN, GEFLÜGEL, FLEISCH und SALATE. Monika Kellermann lebt bei München.